LA EXPERIENCIA AUTOGESTIONARIA

DURANTE LA GUERRA CIVIL ESPAÑOLA

COLOSSUS
23

CALUMNIA
2025

**Legu, kopiu, diskonigu, reverku,
kantu, muzikigu, kriu, recitu
ĉi Libron, Diskonigu la Ideon!**

Llegiu, copieu, difoneu, reescriviu,
canteu, musiqueu, crideu, reciteu
aquest Llibre, Difoneu la Idea!

La experiencia autogestionaria durante la Guerra Civil española
Texto: Luís Buendía García / José Luis Carretero Miramar
Edición: Jordi Maíz | Raúl Montilla Torres

Imagen de cubierta: *Colectividad de Campesinos, Pla de Martí*,
1938, Archivo Fundación Anselmo Lorenzo (CNT)

Colección Colossus, n. 23, 13x18 cm, 218 p., 2025.

CALUMNIA EDICIONS
info@calumnia-edicions.net

junio de 2025
ISBN 978-84-129699-4-8
DL: PM 00396-2025

LUIS BUENDÍA GARCÍA
JOSÉ LUIS CARRETERO MIRAMAR

LA EXPERIENCIA
AUTOGESTIONARIA

DURANTE LA GUERRA CIVIL ESPAÑOLA

It was the first time that I had ever been in a town where the working class was in the saddle
GEORGE ORWELL

Estaban en ello: y entonces llegaron los perros
EDUARDO HARO TECGLEN

PRÓLOGO

¿Tiene sentido, bien entrado el siglo XXI, estando más cerca de su centenario, analizar el proceso autogestionario de 1936-1939?

Es relativamente sencillo obtener información sobre la Guerra Civil. Cada cierto tiempo, distintas editoriales publican nuevos volúmenes y reediciones; cada vez que se acerca el 18 de julio, medios de comunicación vuelven a reponer documentales sobre la guerra. La visión que generalmente suelen defender, si es que no se posicionan tímida o abiertamente a favor del bando golpista, es el de una II República Española muy democrática pero, pero débil, por el hecho de ser una democracia (burguesa, añadiría): denotan que, si no hay hombre fuerte, lo que hay es caos y desgobierno. A veces aparecen los anarquistas, en masculino, que cuando no están apretando al gobierno del Frente Popular por la extrema izquierda, están quemando iglesias o haciendo de las suyas con patronos y terratenientes. Exceptuando ciertas obras académicas o de editoriales modestas, pocas veces reflejan la inmensa obra colectiva que pusieron en marcha el proletariado y las masas campesinas, con el objetivo de cambiar el rumbo de la historia de esta parte de la península ibérica.

Otro lugar en el que poder informarse sobre lo ocurrido debería ser el mundo académico. Cuando era estudiante de economía, el proceso colectivizador era algo que no se encontraba en el temario, pese a ser una fuente de innovación y avance económico único en la historia económica de la península ibérica. Todavía tengo en mente un congreso de economía crítica, en una mesa sobre procesos de transformación revolucionaria de la economía, la respuesta que dio un insigne académico de izquierdas ante la pregunta de un compañero sobre la revolución social de 1936-1939. La despachó en una breve frase: fue una economía de guerra, nada más. Posteriormente, como docente, he podido comprobar el poco tiempo que se le dedica a la guerra y cómo se sigue finiquitando la revolución en breves líneas, señalando su supuesta ineficiencia económica. Solo espacios de autoformación estudiantil, profesorado y personas investigadoras concretas han roto con esa omisión, ninguneo o manipulación de su alcance, ya que no suele tener cabida dentro de los contenidos de la programación oficial.

La visión dominante en medios y publicaciones no especializadas, y la ignorancia y minimización de este proceso en la docencia, son razones de peso por las que abordar el proceso autogestionario de la guerra civil en la actualidad. En compensación a esta minimización de la revolución social, gracias al trabajo de fundaciones de organizaciones anarcosindicalistas y de editoriales independientes, hay disponible una bibliografía básica para empezar a comprender ese proceso que transformó las bases de la sociedad y economía capitalista española.

La militancia anarcosindicalista, junto a sus organizaciones, ha sido la que, desde antes de finalizar la contienda, ha dedicado un esfuerzo descomunal para contar lo sucedido, para poner en relieve lo que se llevó a cabo y el impacto que tuvo. El papel de la historiografía militante ha sido esencial para que no se perdieran los logros de la revolución. Gracias a esa militancia, múltiples generaciones hemos podido acceder a los relatos, al trabajo de compilación de datos y descripciones de lo sucedido en diferentes colectividades y empresas tomadas por sus trabajadores. Así, la experiencia autogestionaria de la guerra civil no cayó en el olvido, y ha estimulado un gran número de investigaciones tanto fuera como dentro del mundo académico, explorando colectivizaciones a nivel local, regional, de empresas concretas. Trabajos que han ido aumentando a lo largo de los años, y que varios de ellos se pueden observar en la bibliografía de este libro.

Sin embargo, tampoco hay que caer en la idealización del proceso revolucionario. Muchas veces se ha escuchado que se llevó a cabo el Comunismo Libertario, se han tratado las colectivizaciones de una manera acrítica e ingenua, y se han dado respuestas simples ante hechos sumamente complejos. Una posición cómoda es la de hablar de buenos y de malos, de revolucionarios y de reformistas, de anarquistas y de colaboracionistas, de la línea puramente revolucionaria y de los que vendieron la revolución. Así se intenta explicar el desvío de la misma, de un Comunismo Libertario que se logró en el verano de 1936, y se fue malogrando debido al papel jugado por la dirigencia colaboracionista. Este tipo de explicaciones, si bien han de ser tenidas en cuenta, aportan poco al análisis y el debate sobre lo que fue este proceso, además de ser contraproducente, si nuestro objetivo es el de aprender para construir una transformación social y económica que aspire a ser tan liberadora como lo fue la revolución del 36-39. Hay que saber aplicarse la autocrítica, pero no solo eso, también escuchar las críticas honestas tanto de otras perspectivas revolucionarias como de los resultados de investigaciones que puede que ofrezcan conclusiones que no sean de nuestro agrado.

Una revolución social implica cambios estructurales y profundos de la sociedad, que afectan a múltiples aspectos de la vida. Implica transformación en los medios de producción, redistribución de medios y riqueza, nuevas relaciones laborales. Y enfrentar debates sobre si se mantiene la remuneración, la moneda, la orientación de la producción y la existencia del mercado. Pero también pone sobre la mesa el tipo de participación, ya sea en el ámbito político o en el económico; el modo de disolver las clases sociales; el papel de la mujer en la economía y en la sociedad; el proceso de cambio de valores y creencias; cómo innovar desde el punto de vista tecnológico; la relación con la naturaleza, entre otros. No se limita a un solo aspecto de la vida, ya que abarca todas las dimensiones que estructuran una sociedad. Y tomar una decisión en uno de estos ámbitos, afecta de una manera directa o indirecta sobre la totalidad.

Toda esa complejidad nos obliga a analizar el alcance de cada transformación, además del impacto que tiene cada uno en el resto de los elementos que conforman el nuevo sistema revolucionario. En esta obra, Buendía y Carretero toman como eje la autogestión de los y las trabajadoras, uno de los objetivos fundamentales de la propia revolución, que hunde sus raíces en los principios de la Internacional de 1864. Con ese eje central como guía, tratan de explicar lo que ocurrió, de una manera sencilla y amable, a la vez que rigurosa.

Uno de los momentos más complicados a la hora de iniciarse en la exploración de esta experiencia histórica es saber por dónde empezar. Una de las virtudes de este libro es el repaso que hacen a los trabajos previos que han analizado el periodo, lo que supone una ventaja a la hora de asomarse a lo escrito hasta la actualidad. Y, sin embargo, los autores señalan algo evidente, los límites al alcance de esta obra en lo que a la parte cuantitativa se refiere. Al señalar esos límites, se ponen sobre la mesa los caminos en los que futuras investigaciones deberán avanzar para poder tener una mejor cuantificación del proceso colectivizador, generalmente minusvalorado.

Buendía y Carretero no se quedan ahí. Realizan un análisis de la autogestión en la ciudad en el campo, por territorios, exponiendo los datos disponibles sobre los mismos, realizando un trabajo cuantitativo y cualitativo necesario para poder conocer el alcance del aspecto económico de la revolución. Describen cuáles eran los diferentes procesos que germinaban en el nacimiento de una colectividad, las relaciones entre los diferentes agentes (jornaleros, campesinos propietarios, obrero y técnicos, las milicias, poderes gubernamentales, la central anarcosindicalista, entre otros), y el impacto que estas tuvieron sobre la economía. Además, los autores realizan un trabajo de compilación y análisis en las que se incorporan otros factores fundamentales como el género, la educación y cómo las clases populares percibieron, interpretaron y experimentaron el mundo que les rodeaba desde su propia perspectiva, en este contexto revolucionario.

Además, este trabajo, desde mi humilde punto de vista, nos trae debates de rabiosa actualidad, sobre todo para las que buscamos construir un mundo nuevo frente a las ruinas que el capitalismo nos está dejando como herencia. ¿Qué papel debe de jugar el dinero en una sociedad en transición al socialismo libertario? ¿Ha de existir algún tipo de salario? ¿Cómo confrontar a un Estado que no deja de ser una amenaza para toda realización transformadora, pero en la que muchas de las veces, la correlación de fuerzas impide acabar de una vez por todas con ese Leviatán? Esas cuestiones ya se debatieron, con mayor o menor acierto, en un contexto concreto de guerra civil y revolución. Y se refleja en esta obra que tienes entre manos. Tampoco hay que obviar debates, aparentemente más mundanos, pero que también son centrales si se quiere abordar un proceso de transformación económica y social como son el papel de las cooperativas, la relación entre técnicos y obreros, y el egoísmo de empresa, entre otros.

Otra de las claves de este libro es la estructuración de la economía colectivista, en la que hacen un buen repaso de los retos que plantea el federalismo económico. Este libro, junto a la obra de Miguel G. Gómez *La CNT y la Nueva Economía,* de publicación reciente, ponen negro sobre blanco las dificultades y retos que supone estructurar diferentes proyectos económicos bajo el paraguas autogestionario, y las soluciones de que los mismos protagonistas de las colectivizaciones fueron dotándose para apuntalar los logros y avanzar en la medida de lo posible hacia el Comunismo Libertario.

Las personas que estén inmersas en proyectos económicos autogestionarios, se encontrarán las decisiones que fue tomando la generación del 36, lo que les puede servir como ejemplo para avanzar. Investigadoras y estudiantes encontrarán líneas de investigación por desarrollar y profundizar, con las que podrán aportar más conocimiento socialmente útil. Las que sean militantes en organizaciones de orientación revolucionaria, podrán encontrar alternativas reales, tangibles, con sus aspectos más transformadores, pero también con sus conflictos sin resolver, más allá de lo que acabó llamándose socialismo real. Y las más jóvenes, inspiración para organizarse y luchar por el comunismo libertario.

Por último, pero no menos importante, tengo que subrayar la honestidad intelectual y militante de los autores, Luis Buendía y José Luís Carretero. Desde el inicio señalan su clara simpatía por esta experiencia autogestionaria, a la vez que no dudan en identificar los aspectos críticos y los límites de este. He tenido la suerte de poder conocerlos y aprender de ellos en el Instituto de Ciencias Económicas y de la Autogestión. Infatigables tanto en el ámbito académico, volviendo a acercar al anarquismo al ámbito de la economía, como en el social y sindical, haciendo un enorme trabajo de divulgación libertaria. Esta obra que tienes entre manos no es un paso más, es un paso necesario: para construir una propuesta que supere el capitalismo, es indispensable tener claro que ocurrió durante el proceso autogestionario de 1936-1939.

Endika Alabort Amundarain

PRESENTACIÓN

A la hora de plantear una investigación como la que nos ocupa no son pocas las suspicacias ideológicas que afloran. Siempre que se analizan estos temas surgen en la mente del estudioso dudas y especulaciones acerca de las preferencias políticas de los autores que se manejan para poder explicar mejor o incluso rechazar las hipótesis y tesis sostenidas. Es por eso, y por nuestra propia experiencia, por lo que optaremos por ahorrar tales maquinaciones reconociendo francamente nuestras simpatías hacia las experiencias que en este caso serán objeto de nuestro estudio. Ello, evidentemente, no nos exime de culpa en caso de que finalicemos con un trabajo más proselitista o hagiográfico que crítico. Más bien al contrario. El ejercicio de honestidad que acabamos de realizar hará que el lector mire con lupa lo que digamos para ver si está justificado o si son nuestros deseos los que surgen a cada instante y debe despreciar por tanto el análisis efectuado. Eso nos mantendrá alerta. Por otro lado, tampoco hacemos nuestra la pretensión de alcanzar una objetividad que consideramos a la altura de los mismos dioses en los que no creemos. O lo que es lo mismo, nuestra única aspiración con las siguientes páginas es ser serios y llegar, en la medida de nuestras posibilidades y dado el contexto en el que nace este proyecto, a unas conclusiones que nos ayuden a saber un poquito más acerca de una experiencia largo tiempo ignorada por la historiografía oficial, cuando no denostada.

Antes de empezar, convendría hacer ciertas indicaciones respecto a las fuentes que emplearemos en la parte cuantitativa de este ensayo, que creemos puede ser la más controvertida. Destacaremos en primer lugar dos obras monumentales que nos servirán de base, como se podrá apreciar por el volumen ocupado por ellas en las notas a pie de página. Nos estamos refiriendo a los libros de Frank Mintz (*La autogestión en la España revolucionaria*) y Walther L. Bernecker (*Colectividades y revolución social*)[1]. Ambos resultan complementarios por cuanto el primero tiene un matiz algo más cuantitativo que el otro, y resultan fundamentales para el estudio general de este tema. El de Mintz es el único que conocemos que se ha propuesto hacer mediante una investigación sistemática una estimación de la extensión del movimiento colectivizador en número de personas implicadas para todo el territorio republicano. Además, adjunta algunos textos valiosos en tanto que publicación de fuentes primarias. Quizá la única pega que puede tener para la intención de este análisis es que, salvo alguna excepción, se limita a aquellas colectividades promovidas o en las que intervinieron elementos de la Confederación Nacional del Trabajo (CNT), mientras que nosotros preferiremos, donde podamos, referirnos al total de experimentos de los que encontremos datos.

Por eso acudiremos al cuadro que elaboró el Instituto de Reforma Agraria (IRA) en agosto de 1938 que aparece en el libro de Gabriel Jackson (*Entre la reforma y la revolución. 1931—1939*, p. 385) y en las dos fuentes que emplearemos de Bernecker (la ya mencionada y *La revolución social*, pp. 110 y 523, respectivamente), si bien éste la cita a su vez de dos obras de Pascual Carrión y Stanley G. Payne. Este informe del IRA no incluye Castellón, Aragón ni Cataluña[2] y quisimos encontrar indicios que nos corroboraran o refutasen las cifras para las otras provincias. Bernecker sólo da el cuadro, pero acaba basándose en sus breves consideraciones cuantitativas en Mintz o en otros autores, y para el total acepta las estimaciones anarquistas, advirtiendo de quién son. Jackson por su parte, en las pocas líneas que le dedica al tema, se basa en los datos del cuadro nada más, a pesar de que el número de colectividades de la CNT legalizadas y presentes en él es muy pequeño. Mintz no habla del cuadro en todo el libro y tampoco está en su bibliografía, que tampoco incluye las obras de Carrión y de Payne. Ello nos hizo pensar que podía resultar interesante completar los datos de Mintz con los del IRA.

Así llegamos a un artículo de Edward Malefakis en donde el historiador habría tenido en cuenta tanto el informe del IRA como a Mintz y a Bernecker. Las únicas cifras que da son las del instituto oficial, pero no sabemos por qué ignora las de los otros dos autores, cosa que también hace a la hora de establecer un análisis cualitativo de la revolución social que tuvo lugar. Es por eso, por la falta de explicaciones y de fuentes, por lo que este artículo no lo tendremos en cuenta[3]. También hemos considerado el libro de Luis Garrido González (*Colectividades agrarias en Andalucía: Jaén (1931 —1939)*), quien sí utiliza los datos del IRA. Garrido avisa de que no está tan interesado en una cuantificación de las colectividades en Jaén como en encontrar documentos que prueben su existencia (p. 33). Para Jaén acepta el número de familias que considera el IRA (p. 88) y para el total de Andalucía se vale de Mintz (p. 125).

Por lo demás, Hugh Thomas (*Las colectividades agrarias anarquistas en la guerra civil española*), que fue de los pioneros, escribió su ensayo antes de que Mintz publicara el suyo (cosa que advierte el editor español de Thomas en la primera página) y aportara una serie de documentos que vendrían a dejar superadas algunas de las cifras que maneja.

Entre los estudios que nosotros emplearemos están el último de Bernecker (que no cambia nada de las posiciones de su primer texto, excepto algo de la bibliografía y del estado de la cuestión) y el de Josep Maria Bricall (*La economía española (1936—1939)*). Son de 1996 y 1985 respectivamente, y ambos manejan para el total los datos anarquistas (pp. 522 y s., de Bernecker; y p. 389, de Bricall). Asimismo, hemos tenido oportunidad de cotejar un artículo posterior de Mintz, de 1999 (*De las libertades a las colectividades*) que nos ha permitido comprobar que sigue utilizando las mismas cifras que cuando publicó su libro (la edición española, revisada y corregida, es de 1977). También hemos trabajado con otros textos más recientes, entre los que podríamos destacar la obra de Alejandro R. Díez Torre sobre las colectividades de Aragón (*Trabajan para la eternidad. Colectividades de trabajo y ayuda mutua durante la Guerra Civil en Aragón*), el libro de memorias del maestro libertario y colectivista Félix Carrasquer (*Las colectivida-*

des de Aragón), la recapitulación sobre las colectividades de Anastasio Ovejero Bernal (*Autogestión para tiempos de crisis*), el estudio de Anna Monjó Omedes sobre la militancia cenetista, que tiene también muchos datos interesantes sobre el intento de integración de las experiencias colectivistas (*Militantes. Democracia y participación en la CNT en los años treinta*), y varios textos de enorme interés de Antoni Castells Durán y de José Luis Gutiérrez Molina (del primero, *El proceso estatizador en la experiencia colectivista catalana (1936—1939)* y de Gutiérrez Molina, el más reciente, *Llevaban un mundo nuevo en sus corazones/Colectividades libertarias en Castilla*). En cuanto a nosotros, cabe señalar que nos hubiera gustado poder ampliar nuestros datos con, al menos, media docena de libros o artículos más, que tendremos que ir añadiendo conforme podamos hacerlo.

En definitiva, y ante la falta de estudios que traten de la colectivización en su aspecto cuantitativo y que incluyan a todas las colectividades, sólo podremos proceder a hacer estimaciones que, en ocasiones, parecerán más bien juegos malabares para tratar de llegar a alguna conclusión. Por eso no nos cansaremos de repetir que nuestros resultados finales, al menos en este aspecto, deben ser muy relativizados hasta que se pueda investigar el tema con mucha mayor profundidad y acudiendo a fuentes primarias, algo que está más bien alejado del marco metodológico de un trabajo de esta clase. Nosotros, por el momento, nos conformaremos con establecer una aproximación a un tema sobre el que creemos que se tiene mucho que decir todavía.

Por otro lado, con respecto a la parte cualitativa de nuestro trabajo a la que le dedicaremos mucho mayor espacio, la controversia es relativamente menor, al menos en lo que se refiere a las fuentes manejadas. También era de esperar teniendo en cuenta que el grado de especulación exigida para la elaboración de este ámbito será considerablemente más bajo. Creemos que no será demasiado complejo configurarse una composición de lugar del modo en que los procedimientos autogestionarios influyeron en la vida de quienes los promovieron y protagonizaron. Es por todo ello que dejaremos lo relativo a las fuentes implicadas en esa parte del trabajo para lo que es el cuerpo en sí del mismo y para la bibliografía puesto que no consideramos que se requiera ninguna advertencia o comentario previo.

Antes de comenzar con el estudio conviene hacer siquiera una breve mención de los conceptos que manejaremos a lo largo de las siguientes páginas. Por «autogestión» nos referimos a un tipo de gestión económica que consiste en la toma por parte de quienes trabajan de los medios de producción en donde lo hacen, de modo que su propiedad pase de ser de los llamados "capitalistas" a estar en manos de la totalidad de los productores implicados. Emplearemos el término «colectivización» como sinónimo de «autogestión», aunque normalmente «autogestión» tenga connotaciones industriales y «colectivización», agrarias. De hecho, la colectivización en la industria se identifica con la autogestión clásica. No obstante, nosotros emplearemos ambos conceptos indistintamente. El concepto de "socialización", por su parte, estará mas relacionado con los intentos de integración de las experiencias colectivizadoras para constituir una economía de conjunto basada en la planificación participativa y en las unidades empresariales y agrarias autogestionarias.

Así pues, empecemos nuestro viaje a la Guerra Civil española.

[01]

LA AUTOGESTIÓN: CONTEXTUALIZACIÓN POLÍTICA Y GENERALIZACIONES

En julio de 1936, la Confederación Nacional del Trabajo (CNT) y la Federación Anarquista Ibérica (FAI) llamaron a la huelga general revolucionaria para tratar de abortar el golpe de Estado que estaba teniendo lugar en diferentes lugares de la geografía española. Los propios trabajadores organizados tendrán un papel primordial a la hora de sofocar la rebelión en algunas ciudades. Ante estos acontecimientos se produjo un vacío de poder en el bando republicano que fue aprovechado para constituir órganos de autogobierno desde la base de la ciudadanía. Estos nuevos instrumentos de carácter popular fueron los que se hicieron cargo de la situación. Al mismo tiempo, los medios de producción fueron tomados por los trabajadores para ponerlos en funcionamiento por su cuenta mediante sistemas de colectivización, es decir, poniendo la tierra y las empresas en manos de quienes trabajaban en ellas. En cualquier caso, ya antes del alzamiento militar se observa la formación espontánea, o lo que es lo mismo, sin que antecediera ninguna exhortación o consigna al respecto, de colectividades en algunos lugares. Era el comienzo de la experiencia autogestionaria española.

Fueron muchas las colectividades agrarias e industriales que tomaron medidas para un mejor funcionamiento económico. En ambos sectores hubo casos de concentración y de introducción de maquinaria nueva o de mecanización. Así se unieron parcelas para trabajarlas todas en conjunto y se cerraron aquellos centros que resultaban antieconómicos, pasando sus antiguos trabajadores a otros diferentes. Se construyeron nuevos sistemas de regadío y se unificó el comercio. Del mismo modo fueron implantadas medidas para el progreso en la educación y las prestaciones sociales.

En este ambiente de euforia revolucionaria, hasta los nombres de las localidades fueron cambiados: Ciudad Real pasó a ser Ciudad Libre; Alcalá del Rey fue Alcalá de la República, Alcázar de San Juan se convirtió en

Alcázar de Cervantes y Alfara del Patriarca se llamó Alfara-Llibertat. Y se sustituyeron también las festividades tradicionales por otras más acordes con el momento que se estaba viviendo.

En cuanto a los obstáculos que tuvieron que enfrentar los partidarios de la colectivización, aparte de los relativos a las peculiaridades económico-políticas de cada región y que veremos con mayor detenimiento, se pueden señalar aquí algunos otros de carácter más general. Los clasificaremos en problemas exógenos y endógenos. Exógenos serían los problemas para adquirir suministros (abonos en el campo o materias primas en la industria, por ejemplo), la insuficiente demanda ocasionada por un mercado quebrado por la guerra y las luchas políticas que se produjeron dentro del bando republicano que también tuvieron como efecto la destrucción de los experimentos colectivos. Entre los endógenos podemos ver la falta de preparación de los trabajadores en algunos lugares; el carácter de desunión y competencia que primó a veces entre la ciudad y el campo (que se tradujo en muchas ocasiones en las diferencias en las remuneraciones) o entre distintos entes colectivos (tanto en la ciudad como en el campo, con disparidades asimismo en los ingresos de unos y otros), y las tensiones surgidas de la relación entre el sindicato y la colectividad.

Como reacción a estos últimos problemas, que se podrían resumir en la descoordinación y en la falta de solidaridad a la hora de compartir los excedentes, a iniciativa de los sindicatos o de los trabajadores empezaron a surgir organismos que permitieran articular en el ámbito regional e incluso nacional respuestas a los mismos. En cuanto a las diferencias de criterio entre el sindicato y la colectividad, se debieron a dos causas principalmente: en primer lugar, a que la concepción de la sociedad que estimulaba la lucha anarcosindicalista tenía como fin la puesta en manos de los propios sindicatos de los medios de producción. Empero, tras las ocupaciones espontáneas así de tierras como de fábricas, fueron muchos los trabajadores que, aun militando en la CNT, optaron por otro tipo de gestión: la autogestión propiamente dicha. La propia CNT, que se vio desbordada por la iniciativa popular en esos momentos iniciales, aceptó con mucha frecuencia las nuevas circunstancias y trabajó junto a los obreros, si bien trató de intervenir cuando vio que estaban dándose casos de egoísmo en las empresas o en las colectividades agrarias, y fomentó junto a algunos colectivos la creación de cajas de compensación y de organismos de coordinación. Pero, además, y ésta es la segunda causa de discrepancia, desde los comités sindicales situados en la parte superior de los organigramas cenetistas y faístas se tomaron demasiadas decisiones —y de considerable importancia— sin contar con los militantes de base, lo que daría lugar a la rebelión de muchos trabajadores (por lo demás, muchos de ellos pertenecientes a las mismas organizaciones) que se oponían a ciertas decisiones impuestas desde arriba.

De los problemas políticos mencionados y que afectaron a las colectividades de diferentes formas, el más encarnizado fue el que tuvo lugar con el Partido Comunista de España (PCE) y sus diferentes ramificaciones durante la Guerra Civil, por lo que merece especial mención. En efecto, la propia evolución del PCE en las posiciones de poder, así como su actitud ante las colectividades hacen que sea más necesario un estudio específico del partido que de las otras organizaciones políticas si se pretende hablar de la autogestión. La posición oficial del PCE fue desde el comienzo de la guerra la de dar prioridad a las necesidades bélicas en detrimento de las conquistas revolucionarias, y todos los pasos que dio en este sentido fueron hacia la creación de un Estado fuerte. Para ello se convirtieron en los máximos defensores del mismo orden republicano al que habían atacado encarnizadamente antes de 1936 por «burgués"[4]. Su defensa de la pequeña propiedad privada de los medios de producción hizo que la militancia de la organización aumentara con todos los pequeños propietarios que veían o sentían amenazadas sus posesiones por el ímpetu obrero. Además, las consecuencias de su política hicieron que el PCE se viera obligado a cambiar de estrategia en numerosas ocasiones en lo que atañe a las colectividades.

Por otro lado, y esto es extensivo a los partidos de la burguesía que gobernaban también la República y ciertas fracciones del Partido Socialista Obrero Español (PSOE), desde la recomposición del Estado tras la dinámica revolucionaria inicial, se puso de manifiesto una voluntad de poner orden en la retaguardia a la que parece ser que en ocasiones se le dio prioridad incluso respecto de la guerra, lo que tendría funestas consecuencias para la consolidación de las conquistas revolucionarias. Así, durante los sucesos de Mayo de 1937 (en los que surge una lucha de barricadas en Barcelona entre comunistas y fuerzas republicanas por un lado, y anarquistas, anarcosindicalistas y poumistas por otro), fueron enviadas columnas de Guardias de Asalto a Cataluña para sofocar la rebelión, y más tarde, para disolver el Consejo de Aragón se emplean varias divisiones comunistas aun a riesgo de que la reacción de las columnas CNT-FAI hubiera podido ser la de abandonar el frente[5] para defender las conquistas que habían promovido.

Por otra parte, conforme va avanzando la Guerra Civil se va apreciando dentro de los órganos dirigentes anarcosindicalistas y anarquistas, una evolución ideológica hacia posiciones cada vez más reformistas y próximas a aquellos grupos políticos que hasta el alzamiento militar habían sido sus enemigos ideológicos. Esta evolución (de la que ya hemos mencionado un efecto, a saber, la toma de decisiones impuesta desde arriba) la veremos en los distintos ámbitos en que se va produciendo al ir estudiando de forma más detenida el proceso autogestionario, y solamente se explica desde la perspectiva de la evolución de la correlación de fuerzas que tuvo lugar dentro del bando republicano. En éste, los diferentes enemigos de la colectivización obrera (la tradicional burguesía que había permanecido fiel a la República –ya que la que no lo hizo huyó, trató de pasar desapercibida o fue asesinada– a la que se le unió el PCE y el ala derechista de la Unión General de Trabajadores) iban ganando posiciones en detrimento de los protectores naturales de tales experimentos: CNT, FAI, Partido Obrero de Unificación Marxista (POUM) y socialistas de izquierda. De este modo, la actitud sobre todo de cenetistas y faístas (el POUM había sido literalmente exterminado y los socialistas de izquierda fueron marginados dentro de la UGT) se modificó, derivando hacia el gubernamentalismo, al ver cómo perdían las posiciones hegemónicas que habían obtenido tras la derrota de la rebelión derechista y mientras trataban de impedir dicha evolución de los acontecimientos. En todo caso, a pesar de (o quizá precisamente por) la adopción de unas posturas más moderadas (y que hasta entonces habían sido objeto de sus reprobaciones), la CNT y la FAI iban perdiendo la influencia de que habían gozado.

Ante estas circunstancias surgieron desde dentro del propio Movimiento Libertario (CNT, FAI y Juventudes Libertarias) reacciones de oposición que reivindicaban las posturas que ahora se habían abandonado. Entre estos movimientos resulta sintomática de lo que estaba ocurriendo la aparición de «Los Amigos de Durruti», que siempre criticaron la política que se estaba llevando desde las altas instancias de la CNT y la FAI. Su posición (que no era tan distinta de la que sostuvieron la FAI y los elementos más anarquistas de la CNT antes de la Guerra Civil) era la de llamar a una nueva revolución que no transigiera respecto de las reivindicaciones que constituían los fundamentos de la teoría anarquista, lo que les valió las críticas de los líderes de la CNT-FAI y finalmente su expulsión de las organizaciones libertarias.

A lo largo de las siguientes páginas veremos con más detalles (especialmente en sus variantes regionales) en qué consistió exactamente la actitud tanto de comunistas y de anarquistas y anarcosindicalistas como de las otras organizaciones involucradas. Sólo queda advertir una cosa más a este respecto. El PCE no era la única organización republicana que reivindicaba la ideología comunista, sino que también el POUM lo hacía. Así, para distinguir, cuando nos refiramos al PCE utilizaremos indistintamente las palabras «comunistas» o «estalinistas», mientras que cuando hagamos lo propio con el POUM, diremos «comunistas heterodoxos» o «comunistas disidentes».

[02]

LA AUTOGESTIÓN EN EL CAMPO

Generalizando, puede presentarse el procedimiento para la constitución de una colectividad agraria como sigue. Su formación solía consistir en la reunión de una asamblea general, que a partir de ahí sería el órgano soberano del municipio y que decidía acerca del destino del pueblo tras la muerte o huida de los grandes propietarios y la quema de los archivos de la propiedad. Si decidían colectivizar se organizaban en grupos de entre cinco y diez trabajadores con un delegado, cargo que había de ser rotativo, así como las tareas asignadas a los trabajadores, para impedir que surgieran privilegios. Así se trabajaban las tierras colectivizadas. Se creaban unos estatutos, que variaban de unas colectividades a otras: desde quienes rechazaban hacerlos porque podía restar libertad hasta quienes trataban de prefigurar los problemas más importantes que pudieran surgir, tales como la relación con los «individualistas» (es decir, los que decidían no participar en la colectivización y preferían continuar trabajando sus propias tierras) o la revocabilidad de los cargos. Las decisiones más importantes eran competencia de las asambleas, que se reunían con periodicidad regular y variable en función de los pueblos y que, además, elegían un comité que se encargaba de la administración local durante un período concreto, pasado el cual debía volver a ser elegido. En las asambleas cada persona tenía un voto, independientemente de su aportación a la colectividad[6].

Este comité tenía diferentes funciones dependiendo del tipo de colectividad de que se tratara: si la colectividad era «integral» (es decir, si incluía la colectivización de la tierra y de los distintos servicios del pueblo perteneciendo a la misma no sólo los agricultores sino también maestros, médicos, carpinteros, panaderos, etc.) era el órgano de gobierno efectivo; si por el contrario la colectivización sólo afectaba a una parte de la localidad, había un doble poder: el del comité y el del ayuntamiento local, afectando aquél a los colectivistas y éste a la totalidad del pueblo. El comité también estaba sujeto a revocabilidad inmediata y debía responder ante la asamblea. Los componentes del comité no dejaban, por pertenecer al mismo, de trabajar: debían encargarse de sus labores como administradores después de su jornada habitual. En el extremo estaba el caso de aquellos pueblos que además penalizaban la actividad de los miembros del comité concediéndoles unos ingresos más bajos —como en Tomelloso, Ciudad Real, en donde ganaban un 25% menos que el resto de trabajadores[7]— para eliminar sospechas de lucro personal con el trabajo administrativo.

En ciertos lugares la actividad de los comités se excedió de sus atribuciones originarias dando lugar a abusos de poder, pero en otros, la revocabilidad y el control de las bases se mantuvieron vigentes y se hicieron efectivos de modo que la función de estos comités quedó reducida más a labores de coordinación y de administración que de gobierno. «Era la forma de democracia directa y la convicción de los colectivistas que se expresaba en ella de haber tomado sus destinos en sus propias manos y de poder decidir libremente acerca de ellos lo que despertaba el entusiasmo incluso en los observadores escépticos y lo que todavía hoy es considerado por los protagonistas de aquellos acontecimientos revolucionarios como un paso en dirección a la abolición de la alienación humana»[8].

En cuanto a la explotación de la tierra, se solían dejar pequeñas parcelas de terreno para su explotación individual por parte de los colectivistas, aparte de la colectivizada. Además, ciertos bienes eran normalmente de titularidad privada, como la ropa y, a veces, los animales de corral. Era frecuente la existencia de la obligatoriedad de trabajar, de la que sólo quedaban excluidos los menores de catorce o dieciséis años, los mayores de sesenta, las mujeres embarazadas y aquéllas que se ocupaban a tiempo completo de las labores domésticas y del cuidado de los pequeños.

Con respecto a la estructura financiera de las colectividades destaca el hecho de que el dinero fuera abolido en bastantes pueblos, siempre por imperativo moral más que por funcionalidad económica[9]. De hecho, la revolución anarquista respondía con más frecuencia a unas creencias éticas que de otro tipo. De ahí el hecho de que en algunos pueblos se aboliera por decisión colectiva el café, el tabaco u otros «vicios»[10]. Eso es lo que le llevó a Borkenau a hablar de una concepción «ascética» del «nuevo orden»[11]. No obstante, cabe señalar que, si bien esto se dio con relativa frecuencia en el campo, en la ciudad, la mentalidad «ascética» no llegó nunca a esos extremos, sin duda porque la estructura social es radicalmente diferente, aunque las realizaciones prácticas tuvieran el mismo fundamento ético. Por otro lado, es necesario indicar el hecho de que en otros pueblos del campo predominara una actitud mucho más «pragmática»[12] y, en vez de pasar a una total abolición de la moneda —inspirada en la kropotkiniana «toma del montón»—, se sustituyera ésta con medios de intercambio y remuneración como los salarios familiares. Éstos servían solamente para la compra de objetos de consumo, nunca para la adquisición de medios de producción. Se remuneraba en función de escalas que trataban de tasar las necesidades de las unidades familiares, evitando así el ingreso basado en el rendimiento, por considerarlo injusto, si bien en las colectividades exclusivas de la UGT parece que se continuó con los salarios clásicos[13]. Además, estos salarios familiares estaban sujetos a desvalorización, con lo que se trataba de evitar su acumulación. De todos modos, tras la experimentación inicial, algunos pueblos fueron optando por volver a la remuneración en función del trabajo, a modo de transición hasta poder configurar formas «más justas» de reparto de la riqueza. Ello se debió a los problemas que se estaban dando, especialmente de rigidez en el funcionamiento económico. De hecho, parece que varias de las colectividades que optaron por la abolición del dinero experimentaron la salida de algunos de sus miembros y los excesos de otros. En todo caso, las remuneraciones dependían muchas veces de la abundancia de las colectividades (en cuanto a modo y a cantidad), de manera que en muchos lugares había reparto gratuito entre los colectivistas de aquello en lo que eran excedentarios, como pan, vino o aceite.

Para las relaciones con otros colectivos, el comité solía guardar el dinero tradicional, aunque también se hizo uso del trueque. Además, este comité decidía, cuando la gente tenía que salir, si se le concedía el dinero a la persona en cuestión (ya fuera para ir a un médico especialista o para ir al cine de la localidad más próxima) lo que dio lugar a no pocas arbitrariedades[14]. Para el intercambio se establecieron cooperativas de compra y de venta en las colectividades. Se instauraron también cajas de compensación con la idea de que aquéllas que eran más prósperas ayudasen a las que no lo eran tanto, aunque no siempre resultaron efectivas. Esta solidaridad con el exterior era complementada con la solidaridad dentro de la propia colectividad materializada en trabajo voluntario o en el envío de abastecimientos al frente.

Las cooperativas, como indica Félix Carrasquer, fueron decisivas para regular las relaciones con los campesinos «individualistas», que habían decidido no participar en la colectividad. Al centralizar el comercio exterior del pueblo, obtenían economías de escala en sus compras y sus ventas, lo que impulsaba a los «individualistas»[15] a llegar a acuerdos con los colectivistas y a participar en la asamblea de la cooperativa local. Para Carrasquer, en «la experiencia vivida por el pueblo aragonés (...) se demostró que las cooperativas eran insustituibles como elemento de control económico y de vinculación entre grupos autogestionarios y otras agrupaciones o empresas individualistas». Para entender cómo funcionaban las cooperativas, y cómo articulaban las relaciones entre los habitantes de los pueblos, presentamos estas citas de la obra ya citada de Félix Carrasquer:

«Es importante señalar que si bien fueron los colectivistas, como ya se ha dicho, quienes sugirieron y dinamizaron la cooperativa, una vez creado este organismo, todo cuanto incumbiera en adelante a su funcionamiento sería obra de sus componentes reunidos en sus asambleas, en las que todos tendrían la palabra sin que hubiera lugar a discriminaciones y en las que se elegirían los hombres o mujeres para la Junta Administrativa, elección que podía recaer, y de hecho recayó muchas veces, sobre individuos que no pertenecían a la colectividad (...)

La cooperativa disponía, para cada familia, de una cuenta abierta, en la que se consignaban rigurosamente todas las transacciones que iban realizando al correr de los días entre ambas entidades. Al mismo tiempo, esas operaciones eran registradas en una libreta preparada al efecto que quedaría siempre en poder de su titular. Y así como cada familia individualista disponía de esta cuenta abierta, las familias colectivizadas fueron englobadas en una sola cuenta con su correspondiente libreta. Es decir, que para los efectos del ordenamiento económico, la colectividad representaba para la cooperativa una unidad familiar, cuya única diferencia respecto a las otras era la de ser mucho más numerosa y sus transacciones, por tanto, de mayor volumen.

Mediante este registro de entradas y salidas podía conocerse en todo momento el saldo, positivo o negativo, de cada entidad familiar y, a la vez, su capacidad de producción y de consumo de cara a la planificación más racional tan pronto fuera necesario o se considerara oportuno. Ya se tratara pues, de planificar cultivos, regular los intercambios y desarrollar la riqueza pecuaria o de organizar a prorrata el envío de víveres al frente, se podían conocer rápidamente las posibilidades de cada familia —incluida como tal la colectividad— y establecer los criterios de mayor justicia».[16]

Algunas colectividades establecieron un impuesto voluntario destinado a la financiación de la guerra, mientras que otras se negaron a pagar impuestos, en general, por cuanto ello suponía sostener al Estado. La entrada y la salida de la colectividad eran libres normalmente. Así, cuando un colectivista optaba por abandonarla se le permitía hacerlo llevándose lo que hubiera aportado, aunque a veces se impusieron restricciones a esto, como, por ejemplo, mediante la retención de un porcentaje de su aportación. En cuanto a la relación con aquellas personas escépticas respecto a las explotaciones colectivas, la posición «oficial» de la CNT fue tomada en algunos congresos regionales, como el de Cataluña de los días 5 y 6 de septiembre de 1936 y el de Valencia de los días 18 al 20 del mismo mes, en donde se dejaba a la voluntad de cada cual su participación o no en el proyecto colectivista, de modo que sus partidarios trataran de ganarse a los pequeños propietarios persuadiéndolos con las ventajas que ofrecía y siempre y cuando la propiedad individual no supusiera obstáculo alguno para el desarrollo de la colectiva[17]. También, aquellas secciones de la UGT que se pronunciaron a favor de la colectivización optaron por respetar la pequeña propiedad[18]. Sin embargo, parece indudable que se produjeron presiones para el ingreso de los llamados individualistas dentro de la colectividad. Estas presiones podían ser directas, como en el caso de que la colectivización fuera impuesta, por ejemplo, por las milicias[19]; pero también había presiones de tipo indirecto, como la obligatoriedad de comerciar los productos de los individualistas por los canales establecidos por la colectividad (lo que también podía resultar favorable, cuando hacía falta cierto nivel de producción para garantizar una comercialización rentable) o la presión de vivir en un pueblo con mayoría favorable a la colectivización. Por otro lado, las ventajas sociales que ofrecía pertenecer a la colectividad (de sanidad, educación, etc.) también podían resultar persuasivas para decidirse a pertenecer a ella. Se dieron numerosos casos de colaboración sin tensiones entre ambas fracciones de la población llegando a admitir a los individualistas en las asambleas (aunque con frecuencia, con voz, pero sin voto), pero hubo casos de colectivización forzada, a veces, mediante el terror, aunque la protección que de los pequeños propietarios hizo desde el principio el PCE era un seguro para la preservación de los individualistas y en alguna ocasión sirvió para impedir excesos mayores.

La percepción positiva de las colectividades no se limitó a los militantes del sindicalismo cenetista. Como nos indica Alejandro R. Díez Torre, «son numerosas las manifestaciones de socialistas y más aún de líderes ugetistas» en Aragón durante la contienda a favor de las colectividades o apreciando contrastadamente sus ventajas y los cambios que aportaban para la vida de las poblaciones que las experimentaban»[20]. Díez Torre cita, expresamente, las declaraciones al respecto de Pedro Civera (subsecretario provincial de la UGT), de Pablo Cortés (ugetista fundador y animador de la «Colectividad Libre CNT/UGT» de Caspe) o de José Pérez y Pérez (secretario provincial oscense de la Federación de Trabajadores de la Tierra de la UGT), entre otros. Sin embargo, este proceso de confluencia de intereses entre campesinos de UGT y CNT fue descarrilando según el PCE fue elevando sus presiones sobre los socialistas y centrando sus esfuerzos en organizar a los «individualistas». La trayectoria de la Colectividad de Caspe es representativa. Sus estatutos indicaban expresamente la obligación de que «ninguna actividad colectiva pueda significar en modo alguno coacción a favor de ninguna de las dos sindicales» y una de sus directrices consistía en «fundir todos los esfuerzos de sus miembros sin distinción de ideas ni de matices, a conseguir el máximo mejoramiento de la vida colectiva». La primera reunión del recién formado Partido Comunista de Caspe se realizó el 11 de octubre de 1936. El 10 de diciembre, el «secretario sindical» del Radio hasta la reunión anterior, Francisco Centol «expone su opinión favorable a que se celebre el mayor número de asambleas en las que vayan juntas CNT y UGT». Sin embargo, dicho Radio fue pronto amonestado por su «marcha anormal» por el Comité Provincial del Partido. Para narrar el posterior desarrollo del proceso colectivizador en Caspe, daremos la palabra a Díez Torre:

«Según el testimonio del militante libertario Antonio Gambau Gil, el menor éxito inicial de confluencia colectiva y la decreciente implicación de la UGT en el proceso colectivista de Caspe, provino de la insistencia e interferencia planificada, durante la asamblea constitutiva, del grupo comunista. Gambau Gil calificó de «fracaso» cooperador en el proceso inicial, respecto a la esperada concreción colectiva, y de «sabotaje» la actitud de los dirigentes comunistas de la UGT que renegaron «de su prometida colaboración a la Colectividad en plena asamblea». Paralelamente, estos ugetistas habían estado preparando la incautación de tierras, a título personal, de agricultores derechistas (algunos no tan potentados, e incluso modestos), para dárselas en arriendo, o a medias, a otros campesinos y mostrar así, según la irónica apreciación de aquel libertario «un ejemplo bien comunista de la tierra para el que la trabaja». Aún con todo, según Gambau Gil, la Colectividad CNT/UGT de Caspe fue iniciada por más de cien familias de afiliados a ambas sindicales que llegaron pronto a las doscientas cincuenta, de las que la mitad, al menos, procedían de afiliados a la UGT»[21].

Se instauraron servicios culturales y de ocio en numerosas colectividades, como bibliotecas o escuelas, tanto para niños como para adultos, y se emprendieron labores de alfabetización, al mismo tiempo que se organizaban teatros y cines (para lo que podía servir la iglesia del pueblo, cuando no era empleada como almacén u hospital). Además, los campesinos pudieron disfrutar de sistemas de seguridad social, hasta entonces impensables. También se pusieron en marcha proyectos de racionalización económica: mecanizando el campo, concentrando explotaciones, difundiendo sistemas de regadío, creando granjas para la selección y difusión de las especies, grandes establos, etc.; pero siempre teniendo en perspectiva que el objetivo no era tanto la mayor eficiencia económica cuanto la consecución de unas relaciones sociales más libres e iguales[22].

Félix Carrasquer, por ejemplo, nos narra la fundación de la Escuela de Militantes de Monzón, patrocinada por la Federación Regional de Colectividades; de una Escuela de Madres, también en Monzón, patrocinada por la organización Mujeres Libres, que se expandió enormemente por el agro aragonés durante el período de la colectivización y ubicó su Comité Regional en Albalate; del Instituto de Educación Secundaria «Francisco Ferrer», dotado de campos, granjas y talleres, y organizado a instancias del abogado libertario Jaime D. Segovia en Alcorisa; o del «Grupo Escolar Ferrer y Guardia», en Calanda; así como de numerosos centros culturales en diversas poblaciones de la región, como Binéfar, Tamarite, Albalate de Cinca o Fraga[23].

La posición del gobierno de la República estuvo determinada por el hecho de que el Ministerio de Agricultura estuviera dirigido desde el 5 de septiembre hasta la victoria franquista por Vicente Uribe Galdeano, que pertenecía al PCE, y cuyas diligencias gubernativas estaban siempre encaminadas a la nacionalización de la tierra, lo que iba en detrimento de las posiciones colectivistas de una buena parte del agro español que permaneció en zona republicana. El PCE, desde el primer momento mostró su oposición al movimiento colectivista e incluso creó organizaciones agrarias que vieron crecer su número de afiliados con los pequeños campesinos y propietarios, como la Federación Campesina en Valencia[24]. El 7 de octubre de 1936, Uribe promulgó un decreto que legalizaba la colectivización en la agricultura, pero protegiendo la propiedad individual de parcelas de hasta treinta hectáreas de secano, cinco de regadío y tres de huerta[25], lo que ocasionó las protestas de los campesinos que consideraban que era demasiada tierra para explotación individual. Este decreto sólo legalizaba, pues, una parte de lo que los campesinos habían hecho de manera espontánea y asimismo limitaba la expropiación únicamente a aquellos propietarios que hubieran estado relacionados con los insurrectos. También se ponía toda la actividad en el campo bajo el mando del Instituto de Reforma Agraria y bajo la propiedad del Estado, y se establecían una serie de requisitos muy estrictos para la legalización de los colectivos, los cuales eran de obligado cumplimiento bajo la amenaza de que, en caso contrario, se devolvería la tierra a sus antiguos propietarios. Los arriendos debían seguir siendo pagados si los arrendatarios no eran declarados facciosos, lo que implicaba ya un apoyo mayor a los pequeños propietarios que a braceros o jornaleros. El apoyo al pequeño campesino se hizo patente desde el primer momento, tanto por la fuerza física (con el apoyo militar del PCE cuando hizo falta) como por la persuasión económica, ya que se le prestó valiosa ayuda en forma de abonos y fertilizantes[26]. Indudablemente se trataba de frenar la iniciativa de los campesinos que no habían dudado en colectivizar tantas tierras como pudieron y necesitaron que sin esperarse a obtener permiso de ningún organismo situado por encima de ellos.

Los agricultores, viendo la actitud de un PCE que ganaba cada vez más influencia, empezaron a dejar de trabajar sus parcelas colectivizadas por miedo a que finalmente se las fueran a quitar y pasaron a cultivar en exclusiva aquéllas de posesión individual que servían para alimentar a sus familias. Ante tales hechos, el Ministerio de Agricultura tuvo que cambiar de política por el riesgo de la pérdida de las cosechas —y el consiguiente peligro que hubiera traído para la evolución de la contienda bélica—, por lo que el 8 de junio de 1937, legalizó las colectividades existentes. La validez del nuevo decreto era tan sólo para «el presente año agrícola»[27]. De ahí que poco tiempo después no dudasen, por ejemplo, en destruir las explotaciones colectivas en Aragón, como veremos más adelante.

Para enfrentarse a estas adversidades, a la CNT le quedaron dos opciones, a saber, la negociación con el resto de grupos políticos del bando republicano, y una «conexión orgánica de las colectividades» que permitiera adquirir la suficiente fuerza como para poder ejercer una resistencia efectiva[28]. La primera opción la iremos viendo en sus particularidades regionales. Como resultado de la segunda nació el 12 de junio de 1937 la Federación Nacional Campesina (así como otras de carácter regional que también veremos). Pretendía coordinar y difundir el proyecto colectivista, para lo que se otorgó la capacidad de hacer cumplir sus acuerdos a los componentes de la Federación, lo que iba en contra de lo que anarquistas y anarcosindicalistas habían promovido hasta el momento. También sería la responsable del comercio y la distribución, así como del reparto de los excedentes de aquellas colectividades que los tuvieran a aquéllas otras deficitarias.

En cuanto al papel de la UGT en la agricultura, existían serias divergencias entre la política aplicada en unas regiones y en otras, así como entre las distintas corrientes que tuvieron cabida en su interior. Si en Cataluña, muy influenciada por el estalinista PSUC (Partido Socialista Unificado de Cataluña), mostraba un rechazo absoluto a la colectivización agraria, en Castilla o en Andalucía tuvo un papel primordial en el movimiento colectivizador, a veces junto a la CNT y en otras ocasiones incluso por delante[29]. A nivel nacional la CNT y la UGT trataron de pactar alianzas en diferentes ocasiones, pero no fue hasta marzo de 1938 que firmaron el primer acuerdo. En éste, las concesiones ideológicas de la CNT respecto a su programa clásico de comunismo libertario eran flagrantes. El pacto proponía la nacionalización de la tierra y consideraba necesaria la «intervención del Estado», que legislaría acerca de las colectividades de tal modo que el no sometimiento a dichas leyes supusiera la desaparición de los experimentos colectivos[30]. Hasta entonces, el objetivo de anarquistas y anarcosindicalistas había sido la comunalización (cesión de la tierra a las «comunas») y la socialización (colectivización de todo el suelo, incluyendo el que se encontraba en manos de los pequeños propietarios), de modo que incluso la colectivización sólo era una manera temporal de acercarse a sus objetivos últimos[31].

No sólo hubo colectividades de la CNT y de la UGT, sino también mixtas CNT/UGT y otras en las que participaron distintas organizaciones políticas, aunque éstas eran menos numerosas. Pero hubo colectivos del POUM, del PCE, de Izquierda Republicana (IR), etc., y también sin organización política o sindical, como las que se crearon de refugiados de guerra. Incluso, en determinadas ocasiones se formaban dos colectividades pertenecientes a distintas organizaciones en la misma localidad que podían llegar a llevarse bastante mal. Parece ser que, a este respecto, el caso de Liria (Valencia)[32] rozaba el paroxismo, pues para una población de 9.000 habitantes se habían formado una colectividad de la CNT (con 711 colectivistas) y dos de la UGT (con 12 y 24 colectivistas), todas ellas en competencia. También hay que apuntar que no todos los trabajadores sindicados en la CNT fueron favorables a la colectivización y que, en Extremadura, la socialista Federación Española de Trabajadores de la Tierra (FETT) fue quien llevó la iniciativa colectivizadora mientras eran los pequeños propietarios los que abundaban entre la afiliación de la CNT[33].

Por último, convendría aclarar algunos conceptos. Durante nuestro repaso de las prácticas colectivistas, al hablar de las mejoras que se introdujeron en las colectividades y cuantificarlas, estaremos hablando siempre de mejoras de la capacidad técnica y productiva, lo que implicaría tanto a la maquinaria introducida como a las reformas que en materia educativa se hayan llevado a cabo. Por otro lado, al hablar de prestaciones sociales nos referiremos a los diferentes dispositivos de seguridad social que recibieron los protagonistas.

Pasemos ahora al estudio por regiones de las prácticas autogestionarias del campo español.

ANDALUCÍA.
Andalucía siempre había sido uno de los feudos anarquistas, donde las huelgas y las insurrecciones ya se habían desarrollado a lo largo de toda la II República. Así, a título ilustrativo, durante el movimiento del 8 de enero de 1933, se adhirieron Arcos de la Frontera, Utrera, Málaga, La Rinconada, Sanlúcar de Barrameda, Cádiz, Alcalá de los Gazules, Medina Sidonia y Casas Viejas[34]. En cuanto a militancia, en el Congreso extraordinario de Madrid de julio de 1931 (también lla-

mado el del Conservatorio), Andalucía está en segundo lugar en el panorama anarcosindicalista nacional, con 113.157 militantes representados (el 20,64%) y sólo por debajo de la regional catalana. Destacaban la ciudad de Sevilla, con 22.754, y la de Málaga, con 12.640. Y en el Congreso extraordinario de Zaragoza, ya en mayo de 1936, había 184.013 representados andaluces que, con un 33,88% sobre el total, suponían el primer bastión de la CNT[35].

La propia estructura de la propiedad del campo andaluz (así por las relaciones sociales como por el tamaño y el modo de explotación de las parcelas) hacía de la región un lugar idóneo para el desarrollo del colectivismo agrario, pues se caracterizaba por estar formada por parcelas grandes explotadas por algún latifundista, que vivían en la ciudad y muchas veces no se pasaba nunca por sus tierras (lo que se llamaban absentistas). Sin embargo, con el levantamiento militar, Andalucía es dividida de tal modo que, en septiembre, los rebeldes ya controlaban en esta comunidad Huelva, Cádiz, Sevilla y parte de Córdoba y Málaga, lo que significó una importante disminución de las fuerzas anarcosindicalistas, y quizá por eso no se pudo llegar a una socialización total en esta región.

En Andalucía, ya desde julio de 1936 aparecieron colectividades en Arriate y Ubrique (Cádiz); Pozoblanco (Córdoba); Guadix (Granada); La Carolina, Linares y Peal de Becerro (Jaén) o Benaoján, Montejaque y Ronda (Málaga)[36]. Es de suponer que aquéllas que cayeron pronto en manos nacionales no duraran mucho más y que, además, el resto se viera obligado a defender sus colectividades en función de su proximidad al frente. Por otro lado, y ya exclusivamente en zona republicana, nos encontramos en julio de 1937 con 9 colectividades en Almería, 41 en Córdoba, 11 en Granada y 23 en Jaén, de acuerdo con los datos de la anarquista Federación Regional de Campesinos de Andalucía (FRCA). De ahí que éstas sean todas colectividades en las que participara la CNT (de las 84 citadas, 45 eran exclusivas de la CNT y 39 eran mixtas CNT/UGT)[37]. Sin concretar su fecha de constitución, Luis Garrido González[38] contabiliza, sólo en Jaén, 104 colectividades, 23 de las cuales estarían englobadas en la FRCA, como ya se ha indicado. De esas 104, la mayoría eran de la UGT (38) —algo que no es de extrañar teniendo en cuenta la fuerza de los socialistas en esta parte de Andalucía—, 19 de la CNT, 14 del PCE y el resto mixtas y de organizaciones como Izquierda Republicana (1), Unión Republicana (1) o el Instituto de Reforma Agraria (2). Cabe señalar el hecho de que, de los 23 colectivos reseñados por la FRCA para Jaén, 16 pertenezcan a la CNT, lo que contrasta con los datos de Garrido de 19 colectividades de la CNT. La divergencia bien pudiera deberse a que, por cualquier razón que desconocemos, esas colectividades no estuvieran en la Federación, pero es necesario señalar que también podría deberse a la inexactitud de nuestros datos.

Si acudimos a fuentes oficiales, nos encontramos con que, en agosto de 1938, se habían legalizado en el Instituto de Reforma Agraria 978 colectividades andaluzas, afectando a 63.701 familias que trabajarían 900.237 hectáreas[39]. De estas colectividades, 18 eran de la UGT y estaban en Almería; el resto eran mixtas. Es importante añadir que, de las colectividades anarquistas, eran pocas las que solicitaban su legalización, con lo que el número de colectivos debiera ser mayor. Las fuentes anarquistas hablan de unas 300 colectividades en octubre de 1938[40]. Sintetizando, Mintz[41] concluye para Andalucía (y teniendo en cuenta sólo datos de la CNT) unas 210 colectividades con unas 300 personas por cada una, o sea, unas 63.000 personas viviendo bajo este sistema. Si añadimos nosotros las 18 colectividades legalizadas exclusivamente de la UGT en Almería, que habrían afectado a unas 1.000 familias, obtendríamos 3.000 miembros más. Si agregamos asimismo las 65 colectividades de Jaén en las que no participó la

CNT y de cuya existencia encuentra indicios Garrido González[42], obtendríamos unas 2.800 personas como mínimo. Esto nos sitúa en al menos 68.800 personas.

En cuanto a los problemas que surgieron en la región, hemos de señalar en primer lugar que, en Andalucía, a diferencia de otras regiones, no se llegaron a coordinar los comités locales, lo que impidió unas relaciones entre colectivos más efectivas. Asimismo, se apuntan problemas económicos (de escasez de medios y de trabajadores, por la proximidad del frente) y una falta de conocimientos evidente. Empero, y en cuanto a los logros, parece ser que las colectividades que se dieron en estas zonas tuvieron un papel primordial para evitar que la producción agraria no se desmoronara al comienzo de la guerra[43].

José Luis Gutiérrez Molina, recapitulando sobre el desempeño económico y social de las colectividades andaluzas, hace las siguientes apreciaciones:

«Quienes han analizado con mayor profundidad la puesta en marcha de esta economía social, de estas células de trabajo y apoyo mutuo, concluyen que, independientemente de las valoraciones que de determinados aspectos de ellas se haga, en general, el proceso colectivista significó para las comarcas andaluzas una mejora del sistema productivo, la extensión de la economía social y un mayor nivel de vida. Fue la consecuencia de la reorganización del poder local al margen del caciquismo, de la introducción del principio de cooperación sobre el de beneficio individual, de la implantación de nuevas formas de trabajo y mecanización. En pocas palabras, de un sistema alternativo con pretensiones de ser integral que mejoró el nivel de vida de la población agraria (...)

Los beneficios que produjo el colectivismo fueron apreciados por sus protagonistas y por los propios vencedores. Éstos últimos, incluso, utilizaron en su propio beneficio a personas e instalaciones. Tenemos el caso del sevillano Antonio Rosado, que se negó a entrar en el sindicato vertical o ponerse al servicio del propietario. También, como ocurrió en otras zonas, las mejoras técnicas y las infraestructuras creadas fueron incorporadas al patrimonio de los vencedores»[44].

ARAGÓN.

En Aragón, la CNT también tenía una fuerza considerable: desde el Congreso del Conservatorio (1931) hasta el de Zaragoza (1936), se había pasado de contar con 24.201 militantes a tener 39.903 (incluyendo en ambos casos a La Rioja y Navarra)[45]. Además, durante la insurrección anarquista de diciembre de 1933, el seguimiento aragonés fue importante y en 1934 se declaró una huelga general revolucionaria. Finalmente, el último congreso extraordinario de la CNT antes de la Guerra Civil, como ya se ha dicho, tuvo lugar precisamente allí.

Con el alzamiento derechista del 18 de julio, casi todo Aragón quedó en manos de los sublevados. Ello suponía un peligro para Cataluña, pero, además, como ya hemos señalado, la región tenía bastante importancia ideológica para los anarquistas y estratégica en general como nexo entre la industria catalana y las materias primas del norte. Por todo esto muy pronto fueron enviadas desde Barcelona varias columnas milicianas, entre las que había una liderada por el ácrata Buenaventura Durruti: la columna Durruti. Esta columna fue objeto de mitificación, por parte anarquista, y de ataque, por parte de la oposición política a los libertarios. Entre las acusaciones que recibió se encuentra la polémica acerca de la espontaneidad del movimiento colectivista, es decir, acerca de si esta columna pasó por Aragón forzando a la instauración del comunismo libertario. Uno de los testimonios que aseguran esto es el de Franz Borkenau, quien escribe que unos campesinos le contaron cómo la columna Durruti fusiló a propietarios, a católicos y al cura, hasta un total de 38 personas[46]. A partir de ahí, el miedo bastaría para no encontrar oposición en la colectivización de las tierras del pueblo de Fraga (Huesca). En cualquier caso, la presencia de la columna, aunque indiscutible, no fue única. El mismo Borkenau cuenta que en Sariñena (Huesca) la columna más próxima era del POUM y, aunque las relaciones eran tensas entre ambos, el pueblo funcionaba bastante bien en colectividad y sin forzar a nadie, esperando «a que el ejemplo [...] surtiera su efecto»[7]. Mintz nos da varios ejemplos más de colectivización sin la intervención de las milicias anarquistas (Barbastro, Binéfar, Graus, Lagunarrota y Tardienta, en Huesca; Allepuz, Mas de las Matas y Utrillas, en Teruel), entre ellas, una con la presencia de una columna del PSUC en las proximidades (Tardienta) y otra formada por la UGT (Allepuz), para finalmente concluir que la colectivización fue impuesta allí donde se encargaron los anarquistas no aragoneses que venían con la milicia y respondiendo a las necesidades de abastecimiento del frente. Sin embargo, los anarquistas aragoneses no trataron de forzar el movimiento llegando a atraerse a buena parte de la población[48], cosa que no puede resultar tan extraña si se tiene en cuenta la extensión del anarcosindicalismo en Aragón como ya hemos visto. En cualquier caso, hay que tener en cuenta no sólo la presión directa sino también la económica y de otro tipo[49].

Aquí sí que se crearon órganos de administración a nivel regional, como lo fueron el Consejo de Defensa de Aragón y la Federación de Colectividades. En efecto, en octubre de 1936 se creó como órgano de coordinación, el Consejo Regional de Defensa, siendo nombrado presidente Joaquín Ascaso. Este Consejo serviría como representante del Gobierno al tiempo que trataría de preservar los avances revolucionarios. Fue reconocido por el poder central en diciembre de 1936 y, aunque en principio estuvo formado exclusivamente por anarquistas, luego entraron en él varias fuerzas del Frente Popular (UGT, Izquierda Republicana, PCE y Partido Sindicalista), aunque de catorce consejeros, siete pertenecían a la CNT y ocupaban los principales cargos. Se ocupó del comercio con el extranjero (Yugoslavia, Checoslovaquia y Francia), de la adquisición de maquinaria para las colectividades y fue el promotor de la Federación de Colectividades Agrícolas de Aragón[50]. Ésta surgió en febrero de 1937 —por lo que, hasta entonces, las colectividades funcionaron de manera más autónoma—, con tareas de supervisión de actividades, de fomento de las colectivizaciones y difusión de conocimientos, además de organización del comercio con otras regiones. Ese mismo mes de febrero tuvo lugar un congreso que tenía por objetivo la alianza de la CNT y la UGT en la región para la divulgación y la extensión del sistema colectivista, si bien con el respeto a los pequeños propietarios.

El frente aragonés era objeto de boicot continuo, tanto desde la prensa comunista como mediante el bloqueo del armamento, puesto que era de mayoría anarquista y las armas eran distribuidas por los elementos del PCE. En esta dinámica de bloqueo tuvieron lugar los sucesos de mayo de 1937 en Barcelona, a raíz de los cuales, los ataques al Consejo de Aragón se hicieron más virulentos, así como la presión a las colectividades. Ya vimos cómo los propios comunistas, ante el riesgo de la pérdida de la cosecha como consecuencia de sus acciones, se vieron obligados a cambiar en junio su política respecto de las colectividades, lo que hicieron de manera temporal. Efectivamente, poco tiempo después de recoger la cosecha, en agosto, la 11ª división móvil del comandante Líster entró en Aragón para destruir *manu militari* numerosas colectividades y detener a miembros de la CNT. José Silva considera que la disolución de las colectividades fue un «error gravísimo» porque los anticolectivistas se aprovecharon de la situación para asaltar «las colectividades, llevándose y repartiéndose todos los frutos y enseres que tenían, sin respetar a las que, como la de Candasnos [Huesca], habían sido constituidas sin violencia ni coacciones, tenían una vida próspera y era un modelo de organización. [...] Como consecuencia, se paralizaron casi completamente todas las labores del campo, y, a la hora de llevar a cabo la sementera, una cuarta parte de la tierra de siembra no estaba preparada para recibirla»[51]. Guérin habla de un 30% de colectividades completamente destruidas. De todos modos, algunas fueron reconstruidas de nuevo[52], lo que refutaría la hipótesis de que todas ellas fueron el resultado de la imposición de los anarquistas. Éste sería el caso de Calanda, Alcorisa o Alcolea de Cinca, entre otras[53]. Incluso el PCE trató de restablecer algunas al percatarse de que su actuación había tenido como consecuencia la paralización del campo y la desmoralización de la retaguardia[54]. Como indica Alejandro R. Díez Torre: «Menos evidente aún resulta la afirmación de Casanova de que, con la violenta disolución del Consejo aragonés y los encarcelamientos de dirigentes colectivistas «las colectividades cenetistas estaban abocadas a la desaparición». Precisamente esa coyuntura supuso la contraprueba del arraigo colectivista en Aragón, que, pese a la represión de sus cuadros, traspasó sus propias condiciones político-económicas favorables, para mantenerse en una época adversa, hasta el derrumbe militar de la primavera de 1938»[55].

Al mismo tiempo, el Consejo fue finalmente disuelto[56] en lo que representó la culminación del afianzamiento del poder central en detrimento de las organizaciones anarquistas. Éstas terminaron por aceptarlo ingenuamente, sin ejercer mucha oposición y en contra de los deseos de buena parte de la base de que se nutrían, lo que se debía a la gubernamentalización que se había producido en el seno del anarquismo español. Esta gubernamentalización era lo que les había llevado a renunciar a esta altura a sus principios clásicos con el fin de afianzar unas conquistas que sus propios compañeros de gobierno estaban destruyendo. En este sentido resultan sintomáticos los acuerdos que se fueron tomando en distintas plenarias. El pleno nacional de regionales aceptaba en mayo de 1937 la municipalización de la tierra y la vivienda, y el pleno de la FAI que tuvo lugar entre los días 4 y 7 de julio de 1937 ya había pasado de mostrar su rechazo al Estado a aceptar y promover la colaboración, pasando a considerar sus enemigos solamente a las dictaduras y a los totalitarismos[57]. Del mismo modo, ya se ha mencionado el conflicto con los principios libertarios que conllevaba el funcionamiento de la Federación Nacional Campesina creada en junio de ese año. Se estaba empezando a poner fin a la revolución. Considerar que, como decía la propaganda comunista, con la disolución del Consejo y la destrucción de las colectividades se respondía a necesidades bélicas o económicas, implica ignorar todo el proceso por el cual el PCE se consolidaba en unas posiciones de poder que hasta entonces habían estado copadas por los elementos situados más a la izquierda: anarquistas y el ala revolucionaria de la UGT[58]. Prueba de ello es que, tras los sucesos de mayo y la salida del gobierno de Largo Caballero y los anarquistas, la composición del siguiente Ejecutivo inclina la balanza hacia la derecha al desaparecer los elementos más radicales y aumentar el peso político relativo de socialistas más moderados y comunistas. Además, tras los acontecimientos que estaban teniendo lugar en Cataluña, Aragón era el último lugar en donde la influencia de los anarquistas era incuestionable. A esto es a lo que se refiere Frank Mintz cuando dice de Aragón que «[l]a evolución y el final de la colectivización fueron eminentemente políticos»[59].

En cuanto a las cifras, en el invierno de 1936-1937, había en Aragón 450 colectividades que incluían a unas 300.000 personas (en torno al 70% o al 75% de la población, y algo más del 70% de la tierra cultivada). De los colectivos, 350 eran íntegros, mientras que en los 100 restantes se observa la presencia de individualistas[60], a los que habría que añadir los de la UGT e incluso del Partido Comunista[61]. Díez Torre cuantifica el movimiento colectivista en Aragón con los siguientes datos:

«Desde el Congreso de Caspe, de 14-15 de febrero de 1937, el movimiento colectivo experimentó, por los datos conocidos, importantes alzas en el número de adherentes. Con una expectación y éxito notables de convocatoria, aquel Congreso fedo-colectivo de febrero reunió a 500 delegados que, inicialmente, representaban a unos 80.000 colectivistas (sin que sepamos su número exacto, porque los números representados por algunas comarcales representaban totales de unidades familiares componentes, y no número de colectivistas individuales). Sin embargo, el acta de la Comisión de Credenciales ofrecía cifras desglosadas, por Colectividades y Federaciones Comarcales fedo-colectivas, que arrojaban un total de 275 colectividades y 141.430 colectivistas representados. Datos que se acercan a la cifra publicada dos meses después, con ocasión del pleno fedo-colectivo de finales de abril de 1937, en Solidaridad Obrera de Barcelona, de 150.000 colectivistas. De otra parte, según José Mavilla, el secretario regional fedo-colectivista, en la segunda mitad de marzo de 1937, las colectividades usufructuarían ya el 80 % de las tierras incautadas o expropiadas. En todo caso, el conjunto colectivista tuvo un más que notable incremento del 75 %, y en los días de mayo de 1937, ascenderían a 180.000. Cifra que se doblaría, pasados otros dos meses, a finales de junio de 1937, si se da fe de la cifra proporcionada por el periodista socialista Alardo Prats, de alrededor de 300.000 colectivistas, el 70% de la población del Aragón 'leal'»[62].

En marzo de 1938, todas estas colectividades cayeron en manos del ejército franquista.

Respecto a los cambios que tuvieron lugar en Aragón, destaca el hecho de que de manera espontánea se aboliera el dinero en muchas colectividades siguiendo criterios de justicia y equidad. Entonces se pasó a un salario de tipo familiar o incluso al «consumo libre [...] pero [...] controlado», como en Naval (Huesca)[63]. En el Congreso de Colectividades de febrero de 1937 se trataron de hacer sistemáticos estos cambios, por lo que se decidió el uso para todo Aragón de unas libretas de consumo familiar en sustitución de los distintos medios de pago que habían ido surgiendo. Estos experimentos vinieron facilitados sin duda por el hecho de que la vida de la región era más simple que en otras zonas —como Cataluña, por ejemplo—, pues tenía una producción básicamente agraria y con mayor pobreza, lo que implicaba unas necesidades diferentes. Por otro lado, parece ser que se mejoró la explotación de la tierra y que aumentó el nivel de vida de la población[64], tomándose diferentes medidas culturales y de tipo social, de modo que, para los campesinos, el ingreso en la colectividad suponía mayor seguridad social. Entre las medidas culturales se pueden incluir la creación o la puesta en funcionamiento colectivo de bibliotecas (Alcoriza o Calanda, en Teruel; Fraga, en Huesca; etc.), teatros (Utrillas, en Teruel; Fraga) o cines (Alcoriza). Entre las iniciativas sociales podríamos incluir hospitales (Binéfar o Monzón, en Huesca) o la gratuidad de alimentos (Muniesa, en Teruel), entre otros. También se construyeron granjas (Graus o Alcolea de Cinca, en Huesca), panaderías, tiendas municipales y talleres. Asimismo, se hicieron numerosos envíos al frente[65]. No obstante, parece que la solidaridad entre los propios colectivos dejó que desear.

La formación de las colectividades fue cronológicamente muy diferente en función de diversas circunstancias, aunque la mayoría tuvo lugar poco tiempo después del alzamiento militar, dándose en los casos de colectivización integral una extensión progresiva de los ámbitos socializados. Este tipo de colectivización se dio con especial frecuencia en Aragón.

CASTILLA.

En Castilla no había tanta tradición anarcosindicalista como en las zonas ya analizadas, sino que más bien se trataba de un feudo socialista. En el Congreso de 1931 se contaban 9.217 afiliados a la CNT en la Regional del Centro, si bien para el de 1936 ya eran 45.400[66]. En cualquier caso, antes del alzamiento ya se detectan por lo menos dos colectividades: la de campesinos de Madrid y la de las minas de Almadén[67], en Ciudad Real.

Como en Aragón, en Castilla se creó en abril de 1937 la Federación Regional de Campesinos del Centro, perteneciente a la CNT. En ella se puso de manifiesto la voluntad de los cenetistas de colaborar con la UGT –que en esta región tenía una actitud política parecida a la de la central anarcosindicalista–, así como la intención de coordinar la labor colectivizadora de la región. Se intentaría asimismo introducir mejoras técnicas y económicas. También se pretendía con esta federación organizarse de una manera global para resistir a los ataques que estaban recibiendo desde el propio bando republicano. De hecho, en Castilla, y también como en Aragón, sólo que en este caso adelantándose unos meses, hubo destrucción de colectividades a manos de los comunistas: el general Valentín González, «el Campesino», y otra vez el comandante Líster[68].

Como indica José Luis Gutiérrez Molina, «a grandes rasgos, entre 1936 y 1939, podemos distinguir, al igual que en Andalucía, tres períodos en la colectivización de las comarcas del centro del país: un primero de constitución y organización, de julio de 1936 a la primavera de 1937; un segundo de consolidación y desarrollo colectivista, entre la primavera de 1937 y la de 1939, y por último, el de la liquidación, en marzo de 1939»[69].

En cuanto a nuestras estimaciones cuantitativas, es importante señalar la estadística que pasó a sus sindicatos y colectividades la CNT en marzo de 1939[70]. En ella se contabilizan 240 colectividades con 22.664 familias (lo que implica unas 67.992 personas), pero de ellas, sólo hay 2 de la UGT, habiendo nada más que 18 CNT-UGT. Si recurrimos a los datos del IRA[71] para estimar la población afectada en el resto de colectividades, obtenemos la presencia, en las cinco provincias de la regional del centro, de 478 de la UGT y 71 mixtas (una vez restadas las que ya se han incluido en el cálculo precedente). Estos colectivos habrían incluido a 72.468 personas en Ciudad Real, 12.408 en Cuenca, 7.683 en Guadalajara, 12.354 en Madrid y 22.407 en Toledo, es decir un total de 127.320 personas. Y si sumamos los resultados obtenidos a partir de nuestras dos fuentes, tenemos 195.312 colectivistas para la región.

Con respecto a los cambios surgidos por el acontecer revolucionario, nos encontramos con que, de las 190 colectividades de las que Bernecker encuentra algún dato[72], sólo hay información de mejoras en 10 de ellas y de prestaciones sociales en otras 8, a veces entremezcladas. En todo caso, la ausencia de referencias al respecto no permite deducir que en el resto no se dieran prácticas encuadrables dentro de cualquiera de las dos categorías. Entre las primeras se señalan la construcción o puesta en marcha de panaderías (Altos de la Humosa, en Madrid), escuelas (Altos de la Humosa; Belvis del Jarama, en Madrid), tiendas (Brihuega, en Guadalajara), fábricas (Chinchón y Tielmes de Tajuña, en Madrid), una bodega (Chinchón), granjas (dos en Perales de Tajuña, en Madrid), economatos (Perales de Tajuña; Quero, en Toledo) o una ferretería (Quero). Entre las prestaciones se encuentran la gratuidad de productos –como el vino– (Almagro o Membrilla, en Ciudad Real; Belvis del Jarama), de la asistencia médica (Belvis del Jarama; Membrilla; Perales de Tajuña; Tielmes de Tajuña) o la creación de seguros de enfermedad y accidente (Pesquera, en Cuenca). Hubo colectivización integral al menos en Belvis del Jarama y en Perales de Tajuña. La moneda se mantuvo en la mayoría de los sitios, quizá por la proximidad del gobierno central. Vernon Richards cuenta que el «éxito» de las colectividades castellanas no se debió únicamente al trabajo de los socialistas y anarquistas de la región, sino que también tuvo que ver en ello el hecho de que «no menos de 1.000» colectivistas de Levante se trasladaron a Castilla para propagar sus propias experiencias[73], en lo que supondría un curioso ejemplo de solidaridad entre colectivos.

CATALUÑA.

Cataluña fue siempre baluarte de los anarcosindicalistas desde que se creó la CNT en 1910. Así, ya en 1919 Peirats nos habla de «medio millón de afiliados» sobre un total de «más de 700.000 confederados»[74]. En 1931, la Regional Catalana cuenta con 299.753 efectivos, representando el 54,67% de la organización, pero en 1936 eran sólo 142.789 (un 26,29%)[75], habiendo dejado el primer lugar a Andalucía como ya habíamos visto. Aun así, la fuerza de la central anarcosindicalista en las ciudades catalanas resultaba indiscutible, no así en el campo donde hasta la Guerra Civil sólo había dos organizaciones, a saber, la Unió de Rabassaires (UdR), con 35.000 afiliados en septiembre de 1936[76], y la Unió de Sindicats Agrícoles (USA), ambas catalanistas y no revolucionarias[77].

El proceso colectivizador, por tanto, se desarrolló de una manera esencialmente espontánea en el primer momento, a iniciativa de los propios campesinos, que vieron en la situación de vacío de poder creada tras el 18 de julio, la oportunidad para cambiar radicalmente la estructura de propiedad del campo. Nos lo narra Gutiérrez Molina, cuando indica:

«Contamos con testimonios suficientes para decir que lo que se vivió en muchos pueblos fue la sensación de estar protagonizando una auténtica revolución social que iba más allá de cualquier previsión. Cataluña era el crisol donde se experimentaban socializaciones y colectivizaciones de las que nacería un régimen en el que habrían desaparecido los privilegios de clase, se viviría en paz, y todas las personas tendrían derecho a la vida. Un camino en el que tomaban parte los campesinos que, lejos de esperar que alguien les indicara el camino, habían tomado su destino en las manos y participaban de forma activa. Fue lo que, según Cárdaba, ocurrió en Llansá, en el Alto Ampurdán. Allí, la sección de la Unió de Rabassaires fue la que lanzó la propuesta de que se dejaran de pagar las rentas, se incautaran tierras y empresas y se formaran milicias armadas»[78].

La dirección de la UdR estuvo siempre representada en los distintos organismos gubernamentales de Cataluña que surgieron tras el levantamiento militar. En diciembre de 1936 se creó la Federació de Sindicats

Agrícoles de Catalunya (FESAC), que estaba controlaba por la UdR. Así, y gracias al decreto de sindicación obligatoria en Cataluña del 27 de agosto de 1936 que supuso un gran aumento de afiliación a la FESAC, la UdR era la voz cantante en los sindicatos agrícolas catalanes y servía de oposición centralizadora a las intenciones colectivistas de anarquistas y anarcosindicalistas puesto que, aunque dicho decreto reconocía la posibilidad de explotación colectiva, la supeditaba a la pertenencia a un sindicato agrícola[79].

Con ello se daban pasos a favor de aquéllos que eran hostiles a la colectivización en Cataluña: los pequeños propietarios, que veían en tales experimentos, no sólo el peligro de pérdida de sus tierras sino además un severo incremento de la competencia. Éstos contaban con el apoyo de la Generalitat y de la UGT[80] (que era de influencia comunista en Cataluña). Así, el 6 de septiembre se creó para contrarrestar la política colectivizadora de la CNT, la Unió Catalana de Cooperadors y el 8 de octubre se pretende homogeneizar las colectividades por decreto, exigiéndoles numerosos requisitos para su legalización (registro, dirección de la producción a través del sindicato agrícola, fijación gubernamental de los estatutos para explotaciones de más de 10 individuos, etc.) y otorgándoles un plazo de 60 días para adaptarse a los mismos, pasado el cual no serían tomadas como tales[81].

Ante dichas posturas, los anarcosindicalistas adoptaron una actitud defensiva optando por la conservación de las conquistas revolucionarias surgidas tras los primeros impulsos espontáneos. Para ello, en octubre de 1936 se firma un pacto entre la CNT, la FAI, la UGT y el PSUC. En dicho pacto la Generalitat sería la que dirigiría el movimiento colectivizador. No obstante, el gobierno catalán tardó poco en oponerse de nuevo a tal política. Unos meses más tarde, en diciembre de 1936, volvieron a tratar de pactar la CNT, la UdR y la UGT, acordando la aceptación de la colectivización, que habría de coexistir con la pequeña propiedad privada, y la puesta en marcha de la actividad productiva a través de un sindicato agrícola único en cada pueblo. Pero finalmente la UGT se negó a firmar el acuerdo «por razones de oportunidad»[82] , y la UdR rechazó firmarlo sin la UGT.

Por otro lado, los propios campesinos de la CNT reconocieron en enero de 1937 que sus colectividades adolecían de descoordinación y de falta de asesoramiento y dirección, por lo que se decidió pasar su dirección a técnicos agrícolas. También se lamentaron del decreto de sindicación obligatoria, ante lo cual el Comité Regional de la CNT se las arregló para que se impusiera la moderación[83]. En febrero de 1937, se autorizaba por decreto la salida de los colectivistas des-

contentos de ese régimen de explotación, al tiempo
que se ilegalizaban aquellos colectivos que no se ajusta-
ran al decreto del 8 de octubre. Poco tiempo después, la
CNT creó sus propias cooperativas, que pronto llegaron a doblar en número a las que había en la Unió de
Cooperadors[83]. Unos meses más tarde, el anticolecti-
vismo de los *rabassaires* se vio alentado por los sucesos
de mayo, que desencadenaron la salida en junio de los
miembros de la CNT y la FAI del gobierno catalán con
la consecuencia de que dejaron solos en él a la Esquerra
Republicana de Catalunya, la Acció Catalana Republicana, el PSUC y la propia UdR.

Finalmente, el problema de las colectivizaciones se
resolvió con la misma presteza que en Aragón: en junio de 1937 fueron destruidas de manera violenta[85]. Esto no fue difícil porque, contra las propuestas
revolucionarias de la CNT/FAI y de los comunistas heterodoxos del POUM que hablaban de socialización y
colectivismo, se encontraba toda la pequeña burguesía
catalana, que encontró en los comunistas del PSUC (y
de la UGT catalana) a unos perfectos aliados en la defensa de su propiedad. Una vez fuera del gobierno los
anarquistas y los anarcosindicalistas, la Generalitat pudo crear una instancia como el Consejo de Agricultura
y modificar su composición inicial (UdR, CNT, UGT)
para pasar a otra que aseguraría la mayoría en las deci-

siones a los partidos gubernamentales (ERC y PSUC)[86]. Con todo esto se ponía fin a cualquier atisbo de espontaneidad, fomentando al mismo tiempo la nacionalización de los grandes terrenos y la explotación en pequeñas unidades, en lo que suponía claramente el seguimiento de la política agraria comunista que seguía el Gobierno de la República desde el Ministerio de Agricultura. Con esta «revolución desde arriba», como la llama Bernecker[87], se acababa con la iniciativa de los trabajadores, y las diferentes instancias gubernamentales volvían a tomar las riendas del poder tras un lapso en el que fue la propia clase trabajadora la que concretó la manera en que querían vivir y trabajar.

Con respecto a las estimaciones cuantitativas de la obra autogestionaria que tuvo lugar a pesar de todo lo indicado, nos parecen una vez más las cifras de Mintz las más fiables. Éstas son de unas 350 colectividades con una media de 200 integrantes, con lo que sumarían 70.000 personas[88].

Aquí, la mayoría de las colectividades permanecieron funcionando financieramente mediante una economía de tipo monetario y basada en la propia moneda del país, aunque también se crearon monedas o sustitutos locales, como en Pla de Cabra (Tarragona) o Vilafranca del Penedés (Barcelona)[89]. El 24 de septiembre de 1936, se decidió en un pleno de sindicatos la implantación de un salario familiar sistemático, que vendría caracterizado por un ingreso base al que habría que añadir un 50%, un 15% y un 10% más al ir aumentando los miembros de la familia en uno, dos o más individuos respectivamente. Hacia este sistema fueron inclinándose algunas de las colectividades tras haber intentado, unas pocas de ellas, implantar infructuosamente la clásica «toma del montón» que caracterizaba el ideal del comunismo libertario, como fue el caso de Orriols (Girona). En cualquier caso, la mayoría parece que se decidió por un salario habitual en función del trabajo. Por otra parte, de 103 colectivos estudiados encontramos datos de mejoras en 26, que podían consistir en escuelas (Amposta, en Tarragona; Vinaixa, en Lleida), bibliotecas (Camarasa, en Lleida), granjas (Amposta; Lleida; Montblanc, en Tarragona; etc.), acondicionamientos como canalizaciones y un pantano (Girona), mejoras agrícolas como sistemas de regadío o maquinaria (Hospitalet de Llobregat, en Barcelona; Montblanc; El Poal, en Lleida) e incluso una caja de ahorros con un interés del 3% (Valls, en Tarragona), así como otras medidas culturales. En cuanto a las prestaciones sociales, solían consistir en productos gratuitos, que podían ser pan, leña o suministros (Valls y Cabra del Camp, en Tarragona; Serós, en Lleida; etc.), o bien, en seguros sociales como medicina y/o medicamentos gratuitos o el pago del salario en caso de enfermedad (Vilaboi, en Barcelona; Pobla de Cièrvoles y Serós, en Tarragona; etc.), hasta un total de 24 colectivos de los que hay datos acerca de las garantías sociales que introdujeron. Aquí sí que se dieron casos de solidaridad entre colectivos, así como envíos de abastecimientos al frente[90]. En Cataluña, la mayoría de las colectividades parecen estar compuestas por menos de la mitad de la población que tenía el municipio de que se tratase.

Gutiérrez Molina nos aporta algunos ejemplos valiosos de los servicios comunes generados por las colectividades agrarias catalanas, en las zonas donde operaron:

«Las colectividades agrarias fueron ampliando paulatinamente su radio de acción con la inclusión de sectores complementarios como panaderías, barberías, carpinterías, herrerías y granjas. En la población barcelonesa de Vilaboi se instaló una granja, de ganado vacuno, de carne y lácteo, porcino y de aves de corral. En Amposta, en Tarragona, la granja abierta fue valorada en doscientas mil pesetas. En otra, también en Barcelona, en Hospitalet de Llobregat, la granja creada registró, entre septiembre de 1936 y agosto de 1937, un movimiento de entrada de más de cinco millones de pesetas y otro de salida de cerca de cuatro millones doscientas mil. Entre sus proyectos figuraba la canalización del río Llobregat, para evitar así las frecuentes inundaciones. En Viladecans, en el Bajo Llobregat barcelonés, fundaron un laboratorio de experimentación agrícola. En Montblanch, en Tarragona, los colectivistas arrancaron los viejos viñedos y labraron, con ayuda de los tractores, a mayor profundidad. El resultado fueron mejores cosechas.

También hubo otras actuaciones, como la de la ya citada Amposta, que creó 15 nuevas escuelas, un sanatorio, un hospital y se dedicó a purificar el agua potable de aquella zona pantanosa. En la colectividad tarraconense de Masroig se pagaba anualmente a un médico para que atendiera a los asociados y los de La Granadella estaban abonados al Hospital del Pueblo de Barcelona. En algunos lugares, como el ya citado de Montblanc, los servicios médicos estuvieron a cargo del Ayuntamiento»[91].

LEVANTE.

En la zona de Levante tuvo lugar una gran experiencia colectivizadora en el campo: por encima de la de Cataluña y casi de tanta importancia como en Aragón y Castilla. La Regional Levantina ocupaba el tercer puesto en número de militantes en la CNT en 1931, con 58.526 afiliados (el 10,67%). En el Congreso de

1936 seguía en la misma posición con una cifra muy parecida, 55.115, suponiendo un 10,15%[92].

En Levante, como en Cataluña, también surgió una fuerte oposición por parte de los pequeños propietarios, que en esta región suponían el 55,8% de la población agraria. Éstos se agruparon en la Federación Provincial Campesina (organizada por el PCE), que fue creada en Valencia el 18 de octubre de 1936. Los campesinos que habían colectivizado decidieron crear la Federación Regional de Campesinos de Levante, que estaba vinculada a la CNT, de manera que pudieran defenderse de la Federación Provincial y «sobrevivir económicamente»[93]. Según los socialistas, la burguesía campesina del Partido Autonomista estaba ingresando en el PCE, y de acuerdo con los anarquistas, la recién creada Federación era el destino de muchos militantes de la Derecha Regional Valenciana[94], partido conservador católico. La Federación anarquista denunció además en numerosas ocasiones que desde el Gobierno se compraban productos a las organizaciones anticolectivistas aunque se los vendieran a precios más caros[95]. En marzo de 1937 se produjeron disturbios y disparos entre colectivistas y policía con motivo de un decreto del Ministerio de Comercio (dirigido por Juan López, que curiosamente era cenetista) que exigía la incautación del comercio exportador, a lo que se oponían los colectivistas. Desde el Comité Nacional de la CNT se trató de apaciguar la situación poniendo orden e imponiendo disciplina[96]. Por otro lado, también se creó el Consejo Regional de Economía Agrícola, cuyo cometido era la organización del comercio, tanto en la región como fuera de ella, y el suministro a las colectividades por medio de las distintas instancias comarcales, provinciales y locales, así como la supervisión de las relaciones con la industria.

Un experimento que merece atención especial y que fue también objeto de disputas entre comunistas y anarquistas fue el CLUEA. En octubre de 1936, la UGT y la CNT de Valencia crearon los Comités Locales Unificados de la Exportación de Frutos (CLUEF), dentro de los cuales destacaba el Comité Levantino Unificado para la Exportación de Agrios (CLUEA) cuyo principal objetivo consistía en la disminución del número de intermediarios, especialmente en el proceso comercial de las naranjas. Con el monopolio de la exportación se buscaba alcanzar la suficiente fuerza como para poder aguantar la competencia. Además, la exportación de cítricos era una fuente de divisas importante para la República[97], máxime en las circunstancias en que se encontraba. Por todo ello, el CLUEA solicitó al Gobierno tanto financiación como la exclusiva del comercio exportador, pero éste se lo denegaba en beneficio de las cooperativas vinculadas a la comunista Federación Provincial[98]. En el CLUEA no estaban la mayoría de los campesinos —que en Valencia eran bastante ricos, por lo que solían militar en la derecha, como dijimos—, sin embargo, controlaba «la mitad de la producción de naranjas, unos cuatro millones de quintales», ya que la zona de la Albufera, que es una región tremendamente fértil, «estaba completamente colectivizada»[99]. El sistema de funcionamiento consistía en que el Ministerio de Agricultura pagaba por adelantado al CLUEA el 50% de los precios internacionales, y el otro 50% tras haberse efectuado la venta. El pago de esta última cantidad fue motivo de disputa entre el ministerio y el CLUEA pues aquél consideraba que era poco el dinero que percibía el campesinado y se negó a pagarlo[100]. Los sindicatos implicados en el CLUEA se quejaron de que lo que se pretendía era privatizar el comercio exportador, lo que les parecía absurdo si se tenía en cuenta la necesidad de divisas del Gobierno y los «razonablemente eficientes» resultados que en este aspecto se estaban consiguiendo. Finalmente, se demostró que había irregularidades en la gestión contable del organismo, lo que, unido a la salida del Gobierno de los anarquistas, los anarcosindicalistas y los socialistas, supuso el fin del CLUEA, que fue sustituido en octubre de 1937 por la Central de Exportación de Agrios controlada por el Gobierno y los comunistas.

Para Borkenau, el conflicto se resume en la colisión de los intereses antagónicos de campesinos ricos (protegidos y alentados por el PCE) y sindicatos.

Respecto al análisis cuantitativo, Mintz ha encontrado datos acerca de 503 colectividades agrarias[101] (CNT, UGT y mixtas) con un número de colectivistas solamente para Valencia y para colectividades en las que participe la CNT de algo más de 48.500 personas en 152 colectivos, lo que nos da una media de 319 personas por colectivo. Si lo multiplicamos por los 287 colectivos CNT y CNT/UGT de las otras provincias de la región, obtendríamos un poco más de 91.500 personas. Mintz prefiere bajarlas a 80.000 porque las otras provincias «están menos pobladas». Nos parece sensato. Así que tenemos en total unos 130.000 colectivistas CNT o CNT/UGT. Para las de la UGT en exclusiva, encontramos que había legalizadas en el IRA[102] en verano también de 1938, 308 colectividades. De este modo obtenemos un total de casi 30.000 personas más, destacando que falta la provincia de Castellón. En definitiva, tenemos entre los tres tipos de colectividades más frecuentes un mínimo, según nuestras estimaciones, de 160.000 personas en la agricultura. La diferencia entre CNT y UGT nos parece demasiado grande, lo que se deberá casi con toda probabilidad a la inexactitud de nuestras fuentes, pues nos parece que la presencia de la UGT en Valencia y su importancia en la autogestión agrícola queda infravalorada con estos datos. En todo caso redundan en nuestra intención de estimar siempre a la baja.

En la región levantina, al hablar de los cambios que se dieron, empezaremos por los realizados en los mecanismos financieros empleados. El pleno de campesinos de noviembre de 1936 se opuso al salario clásico y reguló el salario familiar, como en Cataluña: un ingreso base con incrementos por cada miembro de la familia, aunque las cantidades debían concretarse comarcalmente por las diferencias de precios que había entre los propios municipios. Se documentó la introducción de mejoras en 39 colectividades[103] que variaban desde la creación de granjas (Sueca, Potries y 5 más) o cooperativas (hay datos de 27 como en Alcàsser o Utiel) hasta la de una escuela de capacitación agrícola (Alginet) pasando por la conversión de explotaciones de secano en regadío (Godella y Alginet) o la construcción de una almazara (Ador). En 1938 tenían escuela la totalidad de los colectivos de Levante[104]. Y hay datos de prestaciones sociales en 10 que, como en las otras regiones, consistían en el reparto gratuito de productos (Jaraguas), asistencia sanitaria o farmacéutica (Llombai y Ademuz) o la escolarización obligatoria (Xátiva). Por último, cabe señalar la Universidad de la que nos habla Leval[105].

Situada en Moncada (Valencia) enseñaba diversas técnicas, métodos y teorías para su aplicación en el campo, tanto en la agricultura como en la ganadería. Los alumnos procedían de distintas colectividades.

Para José Luis Gutiérrez Molina «un asunto a resaltar fue la preocupación por mejorar las condiciones de vivienda de los campesinos. Los arquitectos de la federación regional visitaron los pueblos para aconsejar cómo transformar las casas, elegir el lugar para las nuevas, los materiales que debían utilizarse, su orientación y su higiene. Otro fue el de la difusión de la instrucción. Las colectividades levantinas procuraron, como en las otras regiones, crear escuelas a las que fueran niños y adultos. Así como otros centros en los que se formara el personal encargado de su administración. Por último, en Moncada, en la provincia de Valencia, se creó una escuela para la formación de técnicos agrícolas. En el sector sanitario, en una finca expropiada en Carcagente, se abrió un sanatorio antituberculoso»[106].

Es de reseñar, también, la extensión de la colectivización agraria en la actual Comunidad Autónoma de Murcia, que entonces era considerada parte de la Región Levantina. Carmen González apunta la existencia de unas 122 colectividades agrarias durante la contienda, en la actual Murcia, que en su mayor parte derivaron de incautaciones legalizadas por el IRA. Se trataría de unas 53 colectividades dirigidas por la UGT, 59 por la CNT y una decena de mixtas de ambos sindicatos. En total representarían un tercio de las tierras útiles de la región, unas setenta y ocho mil hectáreas, en localidades como Alcantarilla, Alhama, Calasparra, Cieza, Yecla, La Aparecida, Balsicas o Torre Pacheco[107].

OTRAS REGIONES.

Aparte de las señaladas hubo otras regiones con casos de autogestión agrícola, si bien en éstas, tanto por circunstancias políticas (como podía ser la escasa influencia en esos lugares de trabajadores favorables a la colectivización) como bélicas (como era el hecho de que se perdieran en la guerra algunos territorios que hasta ese momento eran importantes para el anarcosindicalismo: Galicia y el oeste de Andalucía) este movimiento alcanzó ciertamente dimensiones muy inferiores. En todo caso cabe siquiera mencionar algunas de ellas.

En la cornisa cantábrica mientras estuvo bajo control del gobierno de la República, las colectividades agrarias fueron escasas. Se produjeron expropiaciones de propietarios y ganaderos considerados desafectos, por parte del Instituto de Reforma Agraria, que entregó su gestión a comités agrícolas de la UGT (mayoritaria en estas zonas) y de la CNT. La mayoría de estas fincas acabaron, de nuevo, en manos de propietarios individuales, ya que ambas organizaciones sindicales decidieron no impulsar el proceso colectivizador agrario en la zona, ante la cercanía del frente y la situación de absoluta necesidad de concentrar los esfuerzos en la guerra. Es más, en enero de 1937 los comités regionales de CNT y UGT hicieron público un acuerdo que consideraba que «no era el momento de hacer experimentos de comunismo libertario o estatal». Pese a ello, es de resaltar que también se organizaron algunas colectividades en localidades como Cabezón de Liébana o Liérganes. Frank Mintz ha encontrado datos que le permiten calcular la presencia de unos 13.000 colectivistas en la cornisa cantábrica.

En Extremadura, la presencia de la CNT era más bien limitada y las últimas investigaciones apuntan a que las colectividades fueron promovidas por la socialista Federación Española de Trabajadores de la Tierra[108]. Los datos del IRA[109], sólo para Badajoz, hablan de 2.650 familias, luego serían 7.950 los colectivistas implicados, que se aproximan bastante a los 6.000 que estima Mintz[110]. De hecho, en la zona conocida como «La Bolsa de La Serena» (Badajoz), que permaneció en manos del gobierno de la República hasta 1938, se organizaron cooperativas y colectividades en numerosas localidades, como Don Benito, Orellana de la Sierra, Malpartida de la Serena o Acedera.

[03]

LA AUTOGESTIÓN EN LA CIUDAD

No sólo hubo en el campo experiencias en las que los trabajadores se hicieron cargo de los medios de producción. También en la ciudad se dieron experiencias de este tipo y, si bien su extensión geográfica no es tan amplia como la del campo, supera a ésta en número de participantes. Pero no adelantemos acontecimientos.

Antes de empezar a ver el desarrollo autogestionario en la industria de una manera más sistemática y exhaustiva, conviene señalar algunas generalizaciones. En primer lugar, y para familiarizarnos con el tema, comencemos con una tipología de los diferentes tipos de intervención obrera que tuvieron lugar en las empresas[111]. Así pues, tendríamos:

1) Incautación: Consiste en la apropiación de un centro productivo por parte de los trabajadores, los sindicatos, los ayuntamientos, la Generalitat o la República.

2) Colectivización: Es un tipo de incautación que supone que los empleados se hagan cargo de la gestión del centro. Sería equivalente a la «autogestión industrial obrera».

3) Control: Implica la intervención en la toma de decisiones de un grupo diferente de aquél que está a cargo del centro productivo.

4) Socialización: Es otra forma de incautación que tiene distintas concreciones en función de quién la lleve a cabo. Si son los anarcosindicalistas, implica la apropiación de una rama de la industria o de un centro por parte de los sindicatos. Si son los socialistas quienes la ejecutan, supone la cesión del poder en la empresa a un «gobierno popular». Para parte de los economistas ligados al anarcosindicalismo que vivieron el proceso colectivizador (Abraham Guillén, Marín Civera...) la socialización implica la coordinación y articulación de las distintas colectividades de una determinada zona geográfica o de un determinado sector económico, mediante un modelo federal de pla-

nificación participativa. Se trataría, pues, de construir una economía enteramente, o, al menos, hegemónicamente, autogestionaria.

5) Nacionalización y municipalización son modos de incautación que consisten en poner los centros de producción a disposición y bajo el control del Estado o de sus representantes en los municipios, respectivamente.

6) Agrupación: Es la concentración de todos los centros que forman parte del mismo sector económico y su colectivización.

El procedimiento que se solía seguir a la hora de proceder a la colectivización de una empresa consistía en lo siguiente. Ante el vacío de poder que se dio en aquellas ciudades donde la insurrección militar fracasó, los propios trabajadores se hicieron cargo de las industrias y de los servicios de varios centros urbanos, antes incluso de que los sindicatos establecieran alguna consigna o línea que seguir. La resistencia de directores o de patrones era más bien escasa, puesto que muchos de ellos habían huido y otros prefirieron ceder al ver que cualquier otra decisión hubiera podido poner en riesgo sus vidas. Esta situación hizo que los propios empleados se viesen en la necesidad de hacerse cargo de los centros de trabajo para poner en marcha lo antes posible la producción. Se hacían asambleas que decidían acerca de la forma de gestión que se prefería implementar y se nombraba al comité que administraría la empresa, el cual habría de ser revocable y estar controlado por la propia asamblea de trabajadores.

Las relaciones entre técnicos y obreros fueron, en general, buenas, así que colaboraron exitosamente en muchos procesos de colectivización. Esto resultó fundamental para el correcto funcionamiento de las fábricas y empresas incautadas, pero también para la atmósfera que se respiraba: si hubieran sido asesinados, además de la problemática exclusiva a la funcionalidad económica hubiera aumentado la tensión[112].

Se tomaron medidas de racionalización económica tales como la concentración de ramas enteras de la producción y el cierre de aquellos centros que no fueran rentables. Con ello se trataban de conseguir economías de escala. Se introdujeron mejoras allí donde fue posible, tanto en el ámbito productivo, como maquinaria, como en el ámbito social, tal que seguros sociales o medidas educativas e incluso un orfanato para víctimas de la guerra en el Palace de Madrid[113]. Se despertó un espíritu de iniciativa que se vio favorecido tanto por las desfavorables circunstancias, que obligaban a emplear la imaginación para suplir las carencias materiales, como por la libertad de que podían gozar los trabajadores de todos los niveles profesionales en las fábricas. Así, se utilizaron nuevas materias primas que hasta entonces nunca se habían empleado, fábricas que se habían dedicado a la industria civil pasaron a ser industrias de guerra y en otras se crearon modelos nuevos de los productos que ya se fabricaban.

Entre los problemas exógenos a que tuvieron que hacer frente las colectividades, dos son fundamentales: la escasez de materias primas y la falta de mercados. Ambos supusieron un obstáculo serio a la marcha normal de la economía, y ambas se produjeron como resultado de la situación de guerra. Como consecuencia, muchos obreros se vieron sumidos en el paro forzoso, por lo que en algunas empresas se optó por la disminución de la jornada laboral para dar cabida al mayor número posible de trabajadores. Además, habría que añadir los problemas para la obtención de energía tras los bombardeos, e indefectiblemente las disputas políticas que tuvieron lugar entre los diferentes grupos ideológicos dentro del propio bando republicano. En este orden de ideas se puede apreciar a modo de ejemplo cuál era la intención del gobierno republicano con respecto a la colectivización en la decisión que se tomó en el Ministerio de Defensa en octubre de 1937, según la cual sólo se efectuarían compras a aquellas empresas que estuvieran dirigidas por sus anteriores propietarios o controladas por el Ministerio de Hacienda y Economía[114].

Además, hubo otros problemas de carácter endógeno, como la falta de solidaridad entre las empresas colectivizadas y la falta de coordinación, especialmente en los momentos iniciales. Estos problemas fueron también de consideración, pero empezaron a darse pasos hacia su solución, tanto desde instancias gubernamentales como desde los sindicatos y los trabajadores mismos[115]. No obstante, ese tipo de prácticas supusieron motivos para proceder a la centralización de las empresas y a la eliminación progresiva de su autonomía de decisión.

En la industria, el papel que jugó la UGT fue de mayor colaboración que en la agricultura allí donde la autogestión fue más intensa, es decir, en Cataluña. Curiosamente, mientras las hostilidades en el campo fueron mayores, en este sector parece que las relaciones entre ambos sindicatos fueron bastante más cordiales, lo que tampoco quiere decir que estuvieran totalmente exentas de tensiones.

Pasemos ahora a hacer un examen más riguroso de las vivencias descritas hasta aquí. Para ello volveremos a estructurar nuestro estudio a partir de una base geográfica.

CATALUÑA.

En Cataluña tuvo lugar el mayor grado de experimentación social colectivista en el ámbito urbano. Sin duda a ello coadyuvó el hecho de que en Cataluña la fuerza de la CNT y de la FAI fuera tradicionalmente muy importante[116].

El 18 de julio la rebelión de los militares fue sofocada por el movimiento de trabajadores que se opuso a ellos con la ayuda de algunas fracciones de los cuerpos de seguridad que estaban en Cataluña. Inmediatamente, el presidente de la Generalitat, Lluís Companys, se vio despojado del poder en favor de los trabajadores. Entonces varios líderes anarquistas fueron llamados a hablar con él, que ofreció a los sindicatos la dirección de Cataluña. Aquéllos, sin la consulta con las bases de sus organizaciones que hubiese sido de rigor[117], la rechazaron y promovieron la creación del Comité de Milicias Antifascistas. Este órgano pasaría a dirigir la vida de Cataluña en la especial situación en que se encontraba y en él estarían representados los sindicatos y los partidos políticos. En ese tiempo la dirección de la región estaba dividida en tres estamentos, en muchos casos incompatibles: la Generalitat, el Comité de Milicias y los comités que habían surgido de forma espontánea en los barrios[118]. Pero el gobierno regional fue ganando ámbitos de actuación hasta llegar a sustituir al Comité de Milicias, como veremos. La paralización de Cataluña duró poco, pues pronto, y en muchos casos a iniciativa de los propios trabajadores, se organizaron milicias para ir a liberar Aragón, que estaba en manos de los militares, y a tratar de impedir la difusión de los efectos del éxito del golpe de Estado allí donde triunfó. Mientras, la economía también tardaba poco en salir del letargo inicial.

En efecto, de manera espontánea, en el mismo mes de julio, se procedió a la incautación de buena parte de la actividad económica de la ciudad. Algunas empresas fueron colectivizadas directamente, como la España Industrial, en donde, de 1.800 trabajadores, 1.350 pertenecían a la CNT, y el resto a la UGT[119]. En otras, que continuaron siendo de propiedad privada, se crearon comités obreros de control. Éste fue el caso también de las empresas extranjeras cuya titularidad se prefirió respetar para evitar ciertos problemas con otros países (por ejemplo, La Seda de Barcelona, S. A, de capital holandés, o la S. A. Barret, de capital belga). Entre las empresas que se colectivizaron podemos señalar además CAMPSA; Hispano Suiza; La Maquinaria Terrestre y Marítima; Vulcano; casa Girona; almacenes El Siglo;

Asland, y otras muchas más[120]. Todo lo que tenía que ver con la industria maderera fue socializado: desde decoradores hasta tiendas, almacenes, etc. En el sector de la panadería se decidió la concentración del sector y se cerraron las tiendas y hornos pequeños. En junio de 1937 fue colectivizada en su totalidad la industria de la construcción. Al tiempo que se tomaban esas medidas se procedía a la lucha contra el analfabetismo y en pro de un nuevo sistema educativo, así como a la creación de comités encargados de la seguridad y a la implantación de un sistema socializado de sanidad pública. Pero no sólo se dieron este tipo de prácticas en Barcelona capital, también en algunos pequeños núcleos industriales de Cataluña se procedió a la colectivización. La fábrica de papel de Prat de Llobregat (Barcelona) fue colectivizada. Se hizo lo propio con la construcción en Tarrasa (Barcelona) y en Torroella (Girona), y con el cemento en Villanueva (Barcelona). Y en Palafruguell (Girona) y en Figueres (Girona) se creó una floreciente industria de guerra donde no la había.

José Luis Gutiérrez Molina nos indica que «se ha calculado que la transformación colectivista alcanzó en torno al 70% de las empresas. Aunque fue menor el porcentaje de concentración sectorial y local. Quedaron colectivizados los transportes de Barcelona, las compañías ferroviarias, metalurgias como la Hispano-

Suiza y Riviére, la cervecera Damm, La España Industrial textil y la industria cinematográfica, por citar algunas de las más conocidas. También en el sector de la construcción, con la aparición de la Agrupación Colectiva del gremio con 11.000 trabajadores o los 8.000 de la madera socializada. Además de las barberías, los espectáculos públicos, los servicios eléctricos, la fabricación de vidrios, la hostelería y otros»[121].

Estas actuaciones no nacieron de la nada, sino que antes de la insurrección del 18 de julio ya se habían hecho ensayos de toma de las fábricas. En efecto, las huelgas revolucionarias que organizaron los anarcosindicalistas y los anarquistas con anterioridad a estos acontecimientos acabaron con frecuencia en ocupaciones temporales de los centros de producción, lo que habría sido de utilidad para la adquisición de la conciencia por parte de los obreros de su capacidad para completar una transformación estructural de corte autogestionario[122].

Mientras tanto, en el plano gubernamental, el 11 de agosto de 1936 se había creado el Consejo de Economía, con presencia de todos los grupos políticos. El Consejo habría de supervisar la producción y desde el principio se manifestó a favor del apoyo a las consecuciones revolucionarias de los momentos iniciales. Fue el órgano director de la vida económica de Cataluña durante la Guerra Civil. Con su entrada en él, la CNT/FAI pretendía afianzar las transformaciones experimentadas, mientras que la Generalitat trataba de recuperar el control político y, mediante su legalización, la moderación de dichos cambios[123].

El 26 de septiembre siguiente se formó un nuevo gobierno de la Generalitat, con la participación de los anarquistas y los anarcosindicalistas, los cuales no dudaron en pedir a los trabajadores obediencia a este nuevo gobierno. Éste trató de subordinar el Consejo de Economía a las disposiciones del ejecutivo catalán, primero de manera más permisiva, pero una vez que Joan Comorera, secretario general del PSUC ocupó la cartera de Economía en el gobierno autonómico, el Consejo perdió funciones de manera progresiva hasta quedar reducido a «órgano consultivo»[124], y la centralización del poder se hacía un hecho.

El 24 de octubre se promulgó desde la consejería de economía de la Generalitat (que entonces presidía el anarcosindicalista Joan Fábregas) el «Decreto de Colectivización de las Industrias y Comercios y Control de las empresas particulares»[125]. Era el fruto de las discusiones entre las diferentes fuerzas políticas: las organizaciones de las clases medias (ACR y ERC), junto con el PSUC y la UGT proponían la colectivización exclusiva de las empresas de más de 250 trabajadores, mientras que CNT, FAI y POUM abogaban por la incautación de todas aquellas empresas con más de 50 trabajadores. El decreto decidió que serían aquéllas de 100 o más trabajadores, lo que supuso dejar fuera de la colectivización total a una buena parte de los obreros catalanes, los cuales quedarían sujetos a unos procedimientos de colectivización diferentes (por ejemplo, aquellas empresas de entre 50 y 100 trabajadores se socializarían si lo pidiese el 75% de la plantilla). Además, se eliminaban todas las rentas que no procedieran del trabajo y se procedía a un estatus de propiedad colectiva, salvo en las fábricas pequeñas y en los bienes de consumo. En cualquier caso, no se estaba haciendo otra cosa que legalizar lo que ya se había llevado a cabo de manera espontánea.

Por otra parte, se hacía obligatoria la colectivización total de aquellas empresas que tenían centros situados en diferentes lugares y la presencia de comités de obreros que ejercieran cierto control donde no se hubiera colectivizado. En las empresas autogestionadas, los consejos directivos serían elegidos de forma asamblearia por los trabajadores y debían responder de su actuación ante éstos y ante el Consejo General de Industria. Se garantizaba asimismo la defensa de los intereses extranjeros donde los hubiera. También la indemnización a los antiguos propietarios de las fábricas expropiadas fue objeto de disputas entre CNT-FAI y POUM, por un lado (los cuales rechazaban toda indemnización), y los comunistas por otro, para quienes tal medida suponía una «injusticia social»[126]. Los resultados económicos debían ser también presentados a los trabajadores y al Consejo General de Industria, y los excedentes se repartirían como sigue: la mitad iría a una Caja de Crédito Comercial e Industrial (que no sería creada hasta un año más tarde), un 20% a amortización y reservas, y del restante 30%, la mitad se destinaría a prestaciones sociales y la otra mitad para lo que conviniesen los trabajadores.

Anna Monjó nos explica las ambivalentes consecuencias de este Decreto, por el que el anarcosindicalismo contribuye al proceso legislador que reconoce, pero al tiempo limita, las realizaciones prácticas y espontáneas de sus bases:

«El Decreto, fruto de las largas discusiones entre las fuerzas políticas y sindicales presentes en el Consejo de Economía, representaba el punto de transigencia o pacto entre todas ellas. Pese al carácter colectivista implícito, el Decreto se decantó por un modelo de economía dirigida, que unificaba y regía el variado abanico de concreciones económicas existentes. Así pues, el centro de gravedad de la economía quedaba definitivamente situado en el Consejo de Economía de la Generalitat, que coordinaría todas las experiencias colectivistas catalanas. El Decreto se ha interpretado generalmente por los apologistas de la revolución anarcosindicalista como la legalización e institucionalización de las realizaciones obreras hechas hasta el momento. Para otros autores fue el resultado de un acuerdo dificultoso y necesario entre las fuerzas presentes en el Consejo de Economía de la Generalitat para coordinar la actividad económica. Para J.M. Bricall, el Decreto fue el producto de la orientación del sindicalismo en su vertiente reformista»[127].

El decreto suponía la intromisión del Estado en las empresas, intromisión que iría en aumento desde ese momento hasta el final de la guerra. En efecto, creado con la intención de consolidar los logros revolucionarios, el decreto suponía *de facto* un medio por el que se dejaba al gobierno catalán controlar las actividades de los trabajadores, para lo que se fue reduciendo la capacidad de decisión y de influencia de los organismos nacidos de la revolución. De hecho, fueron mayoritarios los trabajadores que optaron por no acatar el decreto de colectivización[128]. El proceso colectivizador siguió desarrollándose al margen de dicha norma, incluso después de su promulgación. No obstante, la propia evolución desfavorable de la guerra propiciaba la centralización, y el 31 de octubre empezaron a restringirse los requisitos de legalización de colectividades o de comités obreros de control. Esto facilitaría en grado sumo la vigilancia del gobierno por cuanto la documentación que había de ser presentada era ciertamente abundante[129].

A finales de noviembre de 1936 la consejería de Fábregas decretó la concentración de las empresas para su mejor funcionamiento, cosa que también se había hecho ya de manera espontánea como se ha señalado más arriba[130]. Dos meses más tarde, a finales de enero de 1937, se hacía obligatorio el uso de un modelo estatutario fijado de antemano para las empresas colectivizadas. Además, desde agosto de 1936 funcionaban en las empresas las figuras de los interventores. Éstos eran elegidos por los trabajadores, pero el Consejo de Economía debía dar su visto bueno a la elección. Entre sus atribuciones figuraban la de informar a la Generalitat de la evolución de las empresas, pero después de enero de 1937 eran también los encargados de hacer cumplir el decreto de colectivización y tenían derecho de veto sobre las decisiones tomadas. Finalmente, el 20 de noviembre de 1937 se decretó la intervención total de la Generalitat en aquellas empresas donde lo considerase necesario, lo que supondría una nacionalización de las afectadas.

Para una coordinación efectiva de las empresas auto-gestionadas se habían creado el 9 de julio de 1937 los Consejos Generales de Industria. Se encargarían así de concretar y asegurar los inputs como de encontrar mercados para los outputs, además de planificar la producción, regular precios y realizar estadísticas del funcionamiento económico de sus industrias, tanto de sus necesidades como de sus capacidades. Habría uno en cada una de las 14 ramas industriales que se definieron. Su formación estaba configurada por delegados de los consejos de empresa (4), representantes sindicales, tanto de la UGT como de la CNT (8) y del Consejo de Economía (4). La presidencia le correspondía al miembro del Consejo de Economía encargado de la rama de producción de que se tratase. La financiación provenía de las propias empresas y, una vez que se creó, de la Caja de Crédito Industrial y Comercial. Tenían un grado de autonomía, pues, bastante considerable; sin embargo, acabaron por perder poder en beneficio del gobierno en una maraña de decretos e instituciones que ya hemos ido viendo y que no supuso en absoluto ninguna ventaja para los trabajadores democráticamente organizados, pero que la situación bélica facilito. Adicionalmente, los acuerdos de los Consejos Generales de Industria eran de obligado cumplimiento por parte de los comités de obreros y de las empresas privadas[131], con lo que se hacía evidente el control que suponían de la labor autónoma de los trabajadores.

Muy pronto se había puesto de manifiesto la necesidad de financiación de las fábricas colectivizadas. Desde el comienzo de los movimientos populares de incautación en Cataluña, los anarquistas y los anarcosindicalistas ignoraron la banca, que quedó en manos casi exclusivas de la UGT, la cual era dominante entre los empleados del sector y promulgaba la nacionalización del sector. Con ello, desde los sectores libertarios no se hacía sino seguir una política consecuente con su tradicional desprecio del dinero. Pero eso habría de resultar un error básico para el desarrollo revolucionario por cuanto suponía prescindir de una fuente de financiación de los distintos experimentos autogestionarios que iban surgiendo[132]. Además, estaban apareciendo formas de egoísmo dentro de las empresas que acentuaban las diferencias entre aquellas fábricas que funcionaban bien y las que no tenían tanto éxito económico. Para intentar resolver todos estos problemas, el 10 de noviembre de 1937 se creó la Caja de Crédito Industrial y Comercial (CCIC), que trataría de respaldar la economía colectivizada y cuya creación ya preveía el Decreto de Colectivización. La caja estaba financiada inicialmente por el gobierno, pero además las empresas colectivizadas debían ingresar en ella la mitad de sus beneficios, cosa compleja ya que eran cada vez menos las que obtenían ganancias, pues la falta de materias primas, así como la de mercados en donde colocar la producción iban haciendo mella en un sistema económico con cada vez mayores obstáculos.

La CCIC era un organismo gubernamental que encontró en su nacimiento la oposición de los anticolectivistas mientras que los trabajadores la consideraron «un paso más en la transición del capitalismo al socialismo»[133] y sin duda tenía una potencialidad muy prometedora en lo que a coordinación de la producción y redistribución de los excedentes se refiere, pero para entonces la red de organismos creados y el aumento del poder estatal, esta vez materializado en una institución autonómica, iban a impedir (o al menos a intentarlo) mayores avances en materia autogestionaria.

En definitiva, se había creado una estructura altamente burocratizada para hacer funcionar la economía y la producción de Cataluña, mientras que, paradójicamente, en las empresas se había procedido a una democratización de las decisiones por parte de los trabajadores. En toda esta red se aprecia un doble flujo de información con dos instancias ante las que aquéllos que ocupaban los espacios en las nuevas formas de organización y de decisión que surgieron tras el sofocamiento del alzamiento militar, tenían que responder de sus actuaciones. De un lado, ante los trabajadores que los habían elegido, y de otro ante los Consejos Generales de Industria. Frente a un desarrollo burocrático como el señalado, los anarquistas y anarcosindicalistas mostraron su oposición y algunos líderes han visto después en la aceptación por parte de la clase trabajadora de tal situación una «resignación materializada»[134], lo que contrasta con el hecho de que cada vez que los trabajadores trataron de radicalizar sus posturas y mostrar un enérgico rechazo a la pérdida de poder que estaban sufriendo ante la actuación de los comunistas y de la pequeña burguesía, algunos líderes sindicales se mostraran renuentes, haciendo continuamente, como hemos visto en distintas regiones, llamadas al orden y a la disciplina. De hecho, parte de los dirigentes anarquistas vieron todas estas pérdidas de capacidad de decisión de las bases a favor del Estado sin manifestar demasiado disgusto (o, al menos, como un mal necesario para preservar los logros conseguidos). En cualquier caso, y a pesar de tantos obstáculos, tuvieron lugar experiencias autogestionarias que sería interesante observar detenidamente. Veamos, pues, algún ejemplo concreto.

La industria textil fue siempre una de las de más éxito de la economía catalana, en donde se hallaba el 80% del total de la industria textil española. Destacaba, dentro del sector, la industria algodonera. El proteccionismo del que tradicionalmente había gozado Cataluña resultó en un importante retraso de sus equipamientos y en una calidad de la producción «mediocre»[135], lo que hacía de ella una industria muy poco competitiva. La importancia de la CNT en el sector queda patente en el hecho de que «controlaba más de un 70%» de los obreros de la región. En 1937 se había colectivizado casi toda la industria textil. Los sindicatos ya se habían pronunciado a favor de la colectivización total y en enero de 1937 se llegó a un acuerdo entre la UGT y la CNT para hacerla efectiva. El primer problema que apareció fue el de los mercados, cuya ausencia era debida a la guerra y que hacía que los almacenes se fueran llenando. Además, las subidas de salarios de los trabajadores hicieron difíciles las exportaciones, al dejar a la industria en posiciones no competitivas. También hubo que enfrentarse a la falta de materias primas, pues el algodón era mayoritariamente de importación y esto tuvo como consecuencia la reducción de la jornada. Éste fue el problema asimismo de la industria lanera, que, aunque empleaba materias primas mayoritariamente nacionales, las especiales circunstancias del momento habían impedido su adquisición, por lo cual se optó por innovar empleando lino o cáñamo.

Una de las primeras colectivizaciones en la industria fue la de los medios de transporte de Barcelona, en donde trabajaban 7.000 personas de las que 6.500 pertenecían a la CNT. Un comité obrero elegido de forma asamblearia y varios comités en distintos sectores se pusieron a cargo y al poco tiempo la circulación volvió a la normalidad. Hasta junio, en que la empresa fue legalizada, el comité había sido renovado en tres ocasiones. Los comités fueron perdiendo cierta autonomía conforme los decretos gubernativos iban entrando en vigor, aunque la empresa siguió colectivizada hasta el final de la guerra. La incautación de la empresa se hizo necesaria en este caso desde el momento en que los directores de las empresas habían huido. Se creó un comité coordinador de los diferentes medios de transporte público y se procedió a la concentración del sector. Se implantó la semana de 40 horas, que volvería a ser sustituida por la de 48 por las circunstancias bélicas, y se dio trabajo a nuevas personas. Los comités decidieron mantener las diferencias salariales a pesar de que el sindicato de transportes había optado por implantar el salario único, si bien se nivelaron bastante tales diferencias, y se dieron pensiones de jubilación. Los precios de los billetes no se subieron hasta 1938, se bajaron los de largo recorrido, se eliminó la tarifa nocturna y se dejó pasar gratis a escolares e inválidos de guerra o por accidente laboral. Pronto surgió el problema del destino de los excedentes de la empresa entre quienes proponían cederlos al sindicato y quienes sugerían crear una caja para la industria del transporte. Finalmente se cedió al sindicato, el cual lo empleó para pagar a la Generalitat, en concepto de impuestos, y financiar aquellas líneas que resultaban deficitarias. Desde que en junio de 1937 Joan Comorera pasó a ser el consejero de economía de la Generalitat, intentó sin éxito municipalizar el transporte barcelonés que fue legalizado en ese mismo mes de junio.

Esta industria fue un éxito, tanto por el incremento en el número de kilómetros recorridos (de un 7% entre 1936 y 1937), como por el de personas que lo usaron (de un 27% en el mismo período)[136]. Sin duda tal éxito se vio favorecido porque a causa de la guerra hubo que utilizar más el transporte público (por la escasez de alternativas de movilidad) y porque la falta de materias primas no resultó tan acuciante, pero también es cierto que este éxito reflejó la capacidad de los trabajadores para hacer funcionar adecuadamente una empresa de gran envergadura bajo su control exclusivo.

Por otro lado, también fue colectivizada la industria de guerra. Antes de que se crease la Comisión de la Industria de Guerra en agosto, los trabajadores ya habían puesto a funcionar fábricas para la producción bélica. Así, los obreros de la Casa Torras, una vez colectivizada ésta, fabricaron seis carros blindados en quince días[137]. Hicieron lo propio en la Hispano-Suiza, en la Maquinista Terrestre y Marítima, etc. La Comisión autorizaba la fabricación de todo el material de guerra y estaba compuesta por representantes de los trabajadores, de la Generalitat y técnicos. De los 150.000 obreros que trabajaban en la industria de guerra, el 80% pertenecía a la CNT, y se impusieron la semana de 56 horas sin el cobro de las horas extraordinarias. Antes de la guerra no había apenas fábricas de material bélico en Cataluña, por lo que hubo que adaptar la industria catalana para ese fin, la cual se mantuvo colectivizada hasta el decreto de militarización de agosto de 1938. La Generalitat no encontró el apoyo del gobierno central, que veía con recelo la autonomía de la región, en especial en la industria de guerra, y que nunca creyó en la capacidad catalana para la fabricación de munición. Sin embargo, llegaron a producirse en Cataluña «60 millones de vainas de cartucho, 76 millones de balas máuser y [...] más de 718.000 proyectiles de cañón»[138]. En definitiva, parece que se logró poner en marcha de manera bastante eficiente una maquinaria de producción de guerra. El 11 de agosto de 1938 se nacionalizó la industria bélica mediante el decreto que había promulgado el 23 de febrero del año anterior el ministro de Industria, el cenetista Joan Peiró. Con ello aumentó la burocracia, pero también tuvo como consecuencia una disminución en el rendimiento de las fábricas. Los trabajadores, una vez que se vieron desprovistos de aquello por lo que habían luchado, dejaron de hacer muchas horas extraordinarias y se doblaron los días perdidos por enfermedad, accidente, etc.[139]. Ante tal situación aumentaron las disputas entre los delegados gubernamentales y los trabajadores, los cuales se vieron sometidos a una creciente disciplina[140], y surgieron las intrigas políticas en esta industria. En estas desavenencias coincidieron los intereses de ERC y de la CNT, cuya colaboración parece ser que tuvo lugar de modo bastante aceptable, y con la oposición de PCE y PSUC. Aun así, la industria de guerra se basó durante toda la contienda en las fábricas que habían colectivizado la CNT y la UGT.

Como afirma José Luis Gutiérrez Molina:

«Afectadas por la crisis y su obsolescencia, la industria y los servicios catalanes, la colectivización introdujo, en medio de las dificultades, una cierta racionalización y reestructuración. Se concentró la producción en las unidades mejor dotadas y especializadas, se elaboraron estadísticas para conocer los medios con los que se contaba, se modernizó el equipo productivo, se centralizaron los servicios administrativos y comerciales. Se planificó la producción y se eliminaron intermediarios. Entre los cambios más espectaculares estuvo el de los cambios de los tipos de productos que se fabricaban. Unos por las necesidades bélicas y otros por las nuevas prioridades sociales contempladas. Además de la sustitución de materias primas y productos importados con el fin de ahorrar divisas, aumentar los puestos de trabajo y evitar depender del extranjero, comenzaron a fabricar productos, como ópticos y aceros, que antes se importaban (...)

El fenómeno colectivizador catalán no fue sólo una cuestión económica. Como en el mundo agrario, también transformó las condiciones laborales y sociales de los trabajadores. Mejoraron las condiciones de trabajo y la higiene y salubridad de las instalaciones, se redujeron las diferencias salariales, se implantó, en algunos casos, el salario familiar y se crearon servicios de asistencia sanitaria y previsión controlados por las organizaciones sindicales»[141].

Además de la industria de guerra, fueron colectivizadas la compañía de agua, gas y electricidad, las barberías, muchas librerías y papelerías, los espectáculos públicos, etc. Mintz[142] ha localizado datos acerca de 45 colectividades entre Barcelona capital y las provincias (21 y 24, respectivamente). En su estudio ha encontrado que, al menos en 10 de ellas, hubo mejoras (como en la industria óptica o en la de hojas de afeitar de Vilafranca, en Barcelona) y que se introdujeron prestaciones sociales en otras tantas (por ejemplo, la de Aguas o la de calzado de Sitges, en Barcelona). Hay datos de 6 casos de solidaridad entre colectivos (como en la fábrica de productos químicos de Flix, en Tarragona). Los casos documentados de concentración industrial son 9 (como en la industria óptica o en la fabricación de ladrillos de Granollers, en Barcelona). Y la cifra que maneja para el total de la industria catalana es de unos 560.000 trabajadores, a partir del hecho de que, por la legislación, estaría incluido el total de los empleados, que ha considerado, dado el paro que había, un 80% de los 700.000 obreros, incluyendo las provincias. Si se cuentan las familias, se obtiene un mínimo de 1.020.000 personas[143], pero aquí se hace más necesario que en ningún otro lado la advertencia de relativización de la validez de estas cifras, pues se trata de estimaciones, como antes, pero a diferencia de los otros casos, aquí no hay tantos datos cuantitativos en los que basarse. En cualquier caso, los 560.000 trabajadores se aproximarían bastante a los 600.000 obreros, que según Guérin[144], fueron representados en un congreso sindical en octubre de 1936 para tratar la socialización industrial.

LEVANTE.

En Valencia la población logró sitiar a los militares sublevados en sus cuarteles a pesar de que carecía de armamento[145]. Ante la negativa gubernamental de dar armas a la población civil, la CNT de Cataluña y de Centro enviaron allí municiones. Mientras los militares seguían encerrados en los cuarteles, los trabajadores, que estaban en huelga, fueron llamados por sus sindicatos, la CNT y la UGT, a reanudar el trabajo, a lo que aquéllos se negaron. Entonces se decidió asaltar los cuarteles en donde estaban los soldados, y se puso fin al golpe en Valencia tras quince días de incertidumbre. Se formó un Comité Ejecutivo Popular que dirigiría la vida de Valencia hasta la llegada allí del gobierno republicano en noviembre de 1936. Ya hemos tratado el tema de la militancia que había en la región cuando hablamos de la colectivización en el campo así que pasaremos directamente a ver qué empresas fueron colectivizadas.

Entre las empresas socializadas y de las que Mintz[146] ha encontrado datos suficientes están la Torras de Valencia; la Unión Naval de Levante; la industria pesquera de Villajoyosa (Alicante); Aguas, Gas y Electricidad; Transportes; Pompas Fúnebres (colectivizada por la UGT) en la capital valenciana, y otras. En diversas localidades se colectivizó el sector de la construcción, así como muchas otras actividades industriales o comerciales, como los molinos de aceite y las fábricas de electricidad. En el sector pesquero, se estableció un mecanismo de control sindical por parte de UGT y CNT, para establecer las condiciones y turnos de trabajo en localidades castellonenses como Burriana, Benicarló, Vinaroz y Peñíscola, y en la alicantina Villajoyosa. De entre todas estas experiencias cabe destacar la industria textil de Alcoi (Alicante), que supone un ejemplo de socialización de una rama industrial completa por parte de un sindicato, es decir, la materialización de la idea anarcosindicalista de gestión económica.

En Alcoi había 45.000 habitantes, de los cuales 20.000 eran trabajadores (con 17.000 afiliados a la CNT y 3.000 a la UGT)[147]. A diferencia de otros lugares, aquí la iniciativa sí vino de los sindicatos, si bien éstos propusieron medidas moderadas y se pasó a un modelo de gestión en el que los dueños de las empresas y los trabajadores colaboraban entre sí mediante comités de control obrero. Era un caso de cogestión. Sin embargo, tras la imposibilidad de hacer frente a ciertas exigencias sindicales (tales como el subsidio de desempleo) y ante los problemas financieros que se estaban dando dentro de las empresas, el sindicato textil de Alcoi decidió dirigir la industria. El capital inicial fue aportado por el comité que dirigía el pueblo tras el golpe de Estado. Las fábricas eligieron sus comités y a un nivel superior se creó un comité de dirección con delegados de los cinco sectores en que se dividía la producción textil (tejedores, hiladores, trabajadores de aprestos, preparadores de la lana y cardadores). En la cúspide de la organización se configuró una comisión técnica con seis secciones: compras, ventas, producción, administración, secretariado y seguros, y que tendría a su vez varias subsecciones. Los flujos de información iban desde los comités de fábrica, que informaban de la evolución de la producción, a las secciones superiores. Y a la inversa cuando desde la sección de ventas se comunicaba un pedido y la comisión técnica decidía qué fábricas eran las más apropiadas para llevarlo a cabo. Parece que con esta distribución la fábrica alcanzó cierto éxito económico, pero también es cierto que el problema de las materias primas fue menor aquí que en Cataluña.

En lo que respecta a las colectividades no agrarias del territorio que hoy constituye la Comunidad Autónoma de Murcia, dejemos que nos lo cuente José Luis Gutiérrez Molina:

«Fueron socializados o colectivizados sectores enteros como los de la madera en Águilas, Alcantarilla, Jumilla y Yecla; cerca de ochenta conserveras y fábricas exportadoras de frutas; una veintena de establecimientos textiles, entre otros puntos en Calasparra, Caravaca, Cieza, Mazarrón, Molina de Segura y Yecla; los diversos ramos de la construcción al completo en catorce localidades, entre ellas Murcia y Cartagena, y hasta un total de ochocientos cincuenta y dos comercios de los más diferentes productos: comestibles, calzados, bazares, cines, hoteles, etc. Hasta cuarenta empresas de transportes y líneas de ferrocarril fueron socializadas. Por último, la socialización llegó a las industrias de guerra existentes en Cartagena, Cieza y Murcia y a la minería de La Unión»[148].

En cuanto a la gente que participó en el experimento colectivista de la industria levantina, tenemos solamente para la industria textil de Alcoi, 7.167

trabajadores, incluyendo los de la Comisión Técnica. Así que no nos parece exagerado estimar para el total de la industria de Levante un mínimo de 30.000 personas que es lo que sostiene Mintz[149].

OTRAS REGIONES.

En el resto de las regiones, la experiencia autogestionaria en la industria fue bastante menos importante, lo que tampoco es sorprendente dado el poco desarrollo industrial que ofrecían algunas de las otras zonas, así como la escasez de militantes pro-colectivistas en las mismas. En Aragón, por ejemplo, donde ya hemos visto la fuerza del anarcosindicalismo y las consecuencias que este hecho tuvo para la constitución de colectividades campesinas, no resulta extraño que sólo se encuentre la presencia de dos refinerías de azúcar[150].

En Castilla, a la escasez de la militancia anarcosindicalista se unió la proximidad del Gobierno, lo que impidió que la extensión de las experiencias revolucionarias fuese mucho mayor. En cualquier caso, parece ser que en la ciudad de Madrid el transporte fue controlado por los sindicatos, aunque faltan datos de la experiencia[151]. También se sometieron al control obrero los principales periódicos y las grandes empresas metalúrgicas y químicas, adecuándolas a las necesidades bélicas. Lo mismo sucedió con la industria textil, reconvertida para producir prendas destinadas a los frentes, en la que se puede rastrear la experiencia de Almacenes Quirós, con cerca de quinientos trabajadores. Además, hubo algunas colectivizaciones industriales más, en localidades como Alcalá de Henares, donde se autogestionó la metalúrgica Forjas de Alcalá, o la fábrica de cerámica La Estela, y, además, como en Madrid, se dieron también experiencias en la hostelería y el transporte. En definitiva, y para toda Castilla, Mintz estima en 30.000 las personas que pudieron haber participado en la colectivización industrial[152]. Nos parece adecuada la cifra, aunque no haya muchos datos para corroborarla o desmentirla.

En Asturias hubo colectivización de las fábricas de conservas y de parte del comercio de la industria pesquera según se desprende del testimonio de Solano Palacio[153]. En Gijón fue donde se dio la mayor amplitud de las experiencias colectivistas en toda la cornisa cantábrica, como nos indica José Luis Gutiérrez Molina[154]. Se colectivizó el sector pesquero y la construcción naval y se creó un Consejo Local Cooperativo encargado de la distribución comercial. En Santander, las empresas más importantes de la ciudad fueron colectivizadas o sometidas a control obrero, entre las que se contaban la Fábrica de Tabacos, la cervecera La Cruz Blanca o los Altos Hornos de Nueva Montaña. Sin embargo, no tenemos datos numéricos de estas experiencias y, tampoco, en muchos casos podemos diferenciar las relativas a las colectivizaciones de aquellas en que sólo se instauró el control obrero, por lo que no las añadiremos a la cuantificación de las colectividades que haremos más adelante.

[04]

RECUENTO Y RESULTADOS CUANTITATIVOS

Si sumamos las estimaciones que hemos ido haciendo a lo largo de nuestro recorrido geográfico, obtenemos para la industria 1.080.000 personas y para el campo algo más de 815.000. Esto nos sitúa en casi 1.900.000 personas viviendo en un sistema autogestionario, como mínimo, lo que supone más de un millón menos respecto de las cifras que se manejan en los medios anarquistas y que hablan de tres millones de personas implicadas. Por otra parte, este dato de unos tres millones de colectivistas ha sido también defendido por Frank Mintz, Bernecker o Alejandro R. Díez Torre.

En cuanto a su distribución regional tendríamos, en números redondos, en Andalucía 68.800 personas (el

3,63% del total); 300.000 en Aragón (15,83%); 225.000 en Castilla (11,88%); 1.090.000 en Cataluña (57,52%), y en Levante, 190.000 (10,03%). Y para el resto de las regiones bajo mando republicano, algo menos de 21.000 colectivistas (un 1,11%). Ante esta distribución geográfica hay que advertir una serie de factores. En primer lugar, el sesgo de nuestro estudio en detrimento de aquellas zonas en las que predominaba la UGT por los problemas con las fuentes de los que ya hemos hablado podría haber afectado al hecho de que en Castilla y Levante las cifras no sean mayores. En segundo lugar, el hecho de que los núcleos importantes de la CNT en Andalucía estaban en las zonas que más pronto cayeron unido al sesgo mencionado, podría resultar en la minimización de la importancia relativa de esta zona. Por lo demás, la relevancia de Aragón y Cataluña se explica fácilmente teniendo en cuenta la importancia de la CNT y la FAI en ambos sitios, y el resto, por la distribución geográfica de España tras el éxito o el fracaso del golpe militar en las diferentes regiones.

Indudablemente faltaría mucho trabajo por hacer en lo que a estimación cuantitativa se refiere, tanto en el campo en lo que atañe a la colectivización promovida por la UGT como en la industria, por lo que difícilmente se pueden tomar estas cifras sino como una aproximación al estudio de la extensión de este fenómeno. En cualquier caso, y por el procedimiento que hemos seguido a la hora de hacer nuestros cálculos, nos sentimos inclinados a pensar que cualquier investigación más detenida debería dar cifras mayores.

$\left[05\right]$
REVOLUCIÓN SOCIAL Y GÉNERO

Uno de los aspectos más criticables del proceso revolucionario que acabamos de estudiar es el que afecta a las relaciones de género. Hasta ahora no lo hemos comentado porque se generaliza en todas las regiones, así en la ciudad como en el campo[155]. Es por eso por lo que, dada su importancia, hemos optado por dedicarle un epígrafe, aunque sea breve, para no dejarlo pasar.

No tenemos datos de una sola colectividad en la que las remuneraciones entre hombres y mujeres quedaran equiparadas[156]. Esto no significa que no las hubiera, pero desde luego es algo que resulta significativo de la amplitud del problema. A título ilustrativo podemos citar un par de ejemplos, de entre los numerosos que existieron. En el congreso de constitución de la Federación Regional de Campesinos de Andalucía se acordó que el ingreso semanal de un hombre «independiente» sería de 35 pesetas y el de una mujer en las mismas condiciones, de 17,50[157]. En el mismo sentido, Gastón Leval nos cuenta que en Naval (Huesca), para «vicios» como el tabaco, los cosméticos, etc. se daba una peseta a las mujeres y dos a los hombres[158]. Todas estas circunstancias contrastan con el hecho de que estemos tratando de un movimiento cuyos máximos promotores, antes de la Guerra Civil, habían dedicado mucha propaganda a la igualdad entre ambos sexos en las diferentes tareas sociales y en sus respectivas remuneraciones.

Desde las posiciones gubernamentales que ocuparon los anarquistas, es verdad, se introdujeron algunas medidas que suponían enormes avances para la emancipación femenina, tales como el derecho al aborto que en Cataluña promulgó el consejero de Asistencia Social y Sanidad, Antoni García Birlan (de la CNT), y Federica Montseny, desde su cartera de Sanidad, pasa por ser la primera ministra de Europa. Sin embargo, en las fábricas y en las colectividades agrarias las diferencias eran evidentes entre hombres y mujeres. Mintz lo achaca a un «lastre del catolicismo y de la tradición mediterránea»[159]. Pero de lo que no cabe la menor duda es que representa un obstáculo serio en cualquier sociedad para la consecución de niveles aceptables de justicia social y de relaciones libres de dominación. Desde el momento en que se plantean alternativas a las formas de opresión que invaden los cuerpos sociales, por ejemplo, en la actualidad, ignorar lo poco que se ha hecho en este ámbito implica dar la espalda a un problema que sigue pesando mucho en las relaciones cotidianas, y como hemos podido ver en las páginas precedentes, incluso en niveles muy conseguidos de igualdad (entre clases) y de libertad, aflora como un vestigio de inequidad.

En todo caso, no se puede ignorar que el proceso colectivizador impactó favorablemente en las dinámicas de organización y toma de conciencia de las mujeres de las localidades donde se extendió, así como en la mejora de sus condiciones de vida. Así, Félix Carrasquer hace notar cómo el proceso de extensión e inserción de la organización femenina Mujeres Libres, de índole libertaria, en Aragón, se desarrolló paralelamente al proceso de las colectivizaciones, y mediante la utilización de los recursos y los espacios comunes que habían conseguido levantar las colectividades. Carrasquer nos narra cómo fue recibida la idea de conformar Mujeres Libres en la Aragón colectivizada:

«La idea tuvo una excelente acogida por parte de algunos pueblos de La Litera, de la comarca del Cinca y de la de Barbastro; por lo que, en muy poco tiempo se constituyeron las primeras agrupaciones locales en número suficiente para poder estructurar ya formalmente la Federación Regional de Mujeres Libres. Con este fin se tuvo una primera reunión en Monzón y, posteriormente, otra en Albalate, en donde quedará constituido el Comité Regional de esta organización femenina, con el reparto siguiente, en secretaria general, Pepita Grau; en vicesecretaría, Pilar Ballester, de Albelda; en organización y coordinación, Marión Pérez, y en tesorería y administración, Paquita Ocíns; estas dos y la secretaria general, residentes en Monzón»[160].

La organización pronto se prodigó en su labor de difusión de las propuestas de liberación de la mujer que le eran propias, mediante conferencias, octavillas, publicaciones, etc. En pocas semanas se habían conformado grupos organizados de Mujeres Libres en pueblos como Albelda, Alcampell, Binéfar, Monzón, Barbastro, Albalate de Cinca, Alcolea, Belver, Peñalba, Caspe, Alcañiz, Alcorisa, Calanda, Mas de las Matas, Mazaleón y Fresneda. Asimismo, se encontraban otros muchos grupos en una fase previa a su constitución formal, como los de Esplús, Fraga, Sariñena, Bujaraloz y Valderrobles.

De hecho, el grupo de Mujeres Libres de Monzón, que desplegó una intensa actividad, puso también en marcha, paralelamente a la Escuela de Militantes establecida en la localidad por la CNT, una «Escuela de Madres», con la finalidad de combatir el analfabetismo, ampliamente extendido entre la población trabajadora femenina. Félix Carrasquer nos narra sus primeros pasos:

«No se hicieron esperar los primeros frutos, que acompañados de gratificante emoción y de renovado impulso, se harían patentes sobre todo cuando las alumnas que tenían familiares o seres muy queridos en el frente empezaron a enviar las primeras cartas escritas de su puño y letra con todo lo que eso representaba para quienes hasta ese momento no habían conocido la inefable dicha de poder vehicular libremente y sin ambages la expresión de sus sentimientos más íntimos»[161].

Alejandro R. Diez Torres hace también hincapié en el proceso de empoderamiento que significaron para las mujeres rurales las colectividades de Aragón:

«Todos sus cambios fueron perceptibles y se expresaron primariamente en una nueva mentalidad y estatus de las mujeres en la sociedad colectivista. Con una posición diferente respecto a la vieja estampa de la mujer sumisa y fatídicamente presa de normas de esclavitud (…) la mujer comenzó a tener ámbito propio en un espacio público decisivamente ganado por su contribución material. En su testimonio, Prats vio a las mujeres de la nueva sociedad colectiva aragonesa como principales animadoras de asambleas rurales, resueltas y decididas en la toma de decisiones (…) La mujer estuvo en posiciones adelantadas de transformación rural, una vez superada la vida constreñida de los pueblos, bajo inhibiciones o supersticiones varias, fomentadas por el clericalismo»[162].

[06]

COLECTIVIZACIÓN Y SOCIALIZACIÓN. LOS INTENTOS DE CONSTRUIR UNA ECONOMÍA INTEGRADA DE LA AUTOGESTIÓN

En este apartado vamos a detenernos someramente en una de las contradicciones fundamentales del proceso colectivizador de la Guerra Civil española. La persistente tensión entre la dinámica de expansión de la colectivización de empresas concretas y los titubeantes procesos de integración sectorial y territorial, desde una perspectiva federativa, de dichas experiencias.

La idea de la conformación de una estructura económica nacional enteramente autogestionada estaba en la base de los discursos previos del anarcosindicalismo sobre la economía. Abad de Santillán, en su obra *El organismo económico de la revolución*, había presentado ya una propuesta de conjunto, basada en la federación de las empresas autogestionadas en los distintos ámbitos territoriales (local, regional y nacional) y en el ámbito sectorial relacionado con las actividades económicas desplegadas por las unidades productivas.

El libro de Santillán estaba constituido por una serie de artículos publicados en la prensa anarquista entre 1934 y 1936, que conformaron una de las dos ponencias alternativas que se presentaron a debate sobre la definición del «comunismo libertario», como modelo de sociedad defendido por el sindicato, en el Congreso de la CNT de Zaragoza, meses antes del golpe de Estado. Era, además, una propuesta estructurada específicamente para la sociedad española de su tiempo, no una descripción de una posible utopía futura para un momento indeterminado.

El programa de Santillán, ampliamente difundido en los medios libertarios, se centraba en el concepto de «coordinación para la planificación» que tomaba a las empresas autogestionadas y a las colectividades rurales como las unidades básicas que, mediante un proceso federal de integración económica en dos planos (territorial y sectorial) permitirían implementar una planificación participativa de la producción y la distribución, basada en el conocimiento de las necesidades de los trabajadores y de sus capacidades productivas.

El planteamiento esencial de la propuesta de Santillán queda resumido en estas palabras:

«No nos interesa de qué modo pueden organizarse los obreros, los empleados y los técnicos de una fábrica, de una localidad agrícola y ganadera. Es cosa de ellos. Pero lo fundamental es que desde el primer momento de la revolución la cohesión de todas las fuerzas productivas y distributivas sea un hecho»[163].

La propuesta de Santillán, presentada a través del Sindicato de Artes Gráficas, fue derrotada en el Congreso de Zaragoza, que aprobó el dictamen presentado por el médico libertario Isaac Puente, más apegado a la tradicional visión utopista del anarquismo. Sin embargo, el estallido del proceso colectivizador, tras el inicio de la Guerra Civil, volvió a poner de actualidad las tesis de la socialización completa de la economía mediante un proceso federal de integración de las empresas de cada sector y de cada territorio, para facilitar la planificación participativa y la acumulación y coordinación de recursos y conocimientos en el sector autogestionado. Así, por ejemplo, Cardona Rosell, en una conferencia realizada en Barcelona, en enero de 1937, y luego publicada por la oficina de propaganda de la CNT-FAI, afirmaba:

«La colectivización es un paso forzoso, un inicio de la socialización»[164].

Y el Comité Nacional de los Sindicatos del Transporte de la CNT, acogía las tesis de Santillán para definir el concepto de «socialización» en un comunicado publicado, también, en 1937:

«Socialización quiere decir anulación completa de los intereses particulares, desaparición absoluta de clases y privilegios para transformarse en una comunidad de productores libres. Supresión de la propiedad privada, siendo sustituida por la propiedad de todos y para todos. Creación de una economía coordinada y administrada por los obreros, sin necesidad de una burocracia inútil e improductiva»[165].

La necesidad de impulsar el desempeño económico de una economía en guerra empujó, casi de inmediato, a la multiplicación de diversas iniciativas de federación y articulación de las colectividades, en distintos sectores económicos y territorios. Sin embargo, hay que hacer notar que este proceso tuvo una expansión muy desigual y fue implementado por la iniciativa directa de las organizaciones locales y las empresas colectivizadas, sin que respondiese a una política expresa y seriamente impulsada por las direcciones nacionales de las organizaciones sindicales, CNT y UGT.

La razón de la desigual implantación de estas estructuras de articulación autogestionaria tiene que ser desentrañada desde el análisis de la situación política creada en la zona republicana, tras el inicio de la Guerra Civil. La desconfianza evidente de los partidos republicanos y de la dirigencia del PCE hacia el proceso colectivizador se transformó, conforme estos iban reconstruyendo la institucionalidad burguesa y marginando o acosando a los sectores obreros que habían detenido el golpe franquista el 19 de julio de 1936 en Barcelona, en una abierta hostilidad hacia las colectividades y en un auténtico proceso de sustitución (desde arriba, desde las instituciones republicanas) de los procesos de tendencial socialización iniciados desde abajo.

Ya desde la aprobación del Decreto de Colectivizaciones y Control Obrero, de 28 de octubre de 1936, que dio reconocimiento legal a las empresas colectivizadas en Catalunya, y mediante la estructuración normativa de los Consejos Generales de Industria y las Federaciones Económicas de Industria, la institucionalidad mostró la evidente intención de operar una dirección cada vez más centralizada de la vida económica.

De hecho, el Decreto establecía que la dirección de los Consejos Generales de Industria, que contaban con la participación de ocho representantes de los sindicatos y cuatro de los Consejos de Empresa, descansase realmente sobre los representantes del Consejo de Economía de la Generalitat. Como afirma Antoni Castells Durán:

«Dado el peso específico de los miembros designados por el Consell d'Economia y las relaciones que establecía el Decret de Col.lectivitzacions, entre este y los CGI, no significaba, ni mucho menos, que de hecho la capacidad de decisión de los CGI se hallase en manos de los trabajadores y sus organizaciones, sino que éstas a lo máximo que podían aspirar era a matizar la política y las directrices emanadas del Consell d'Economia. Dicha presencia, en cambio, sí que podía facilitar la aceptación y el cumplimiento de las directrices del Consell por las unidades de producción, al proporcionar la imagen o apariencia que los trabajadores de dichas unidades participaban en la elaboración de las directrices generales.

En consecuencia, por tanto, y teniendo en cuenta que el Consell d'Economia era un organismo estatal, la constitución de los CGI significaba un claro avance de la centralización de la economía realizada por el Estado, en perjuicio del proceso de colectivización-socialización»[166].

De hecho, ni los Consejos Generales de Industria, ni las Federaciones Económicas de Industria fueron jamás constituidos conforme a la norma. Los representantes de los Consejos de Empresa no llegaron a formar parte de dichos organismos, por supuestas razones de urgencia que habrían impedido la realización de las asambleas sectoriales pertinentes. La Catalunya revolucionaria no pudo socializar la economía en su conjunto. Como afirma Castells Durán:

«En definitiva, la constitución de los CGI y de las Federaciones, promovida por el Departament d'Economia, representaba un paso importante para la desposesión de los trabajadores de la dirección y control de los medios de producción —que a raíz del 19 de julio de 1936 venían ejerciendo en la mayor parte de la industria y los servicios— en favor del Estado, es decir para pasar de la colectivización-socialización a la estatización de la economía, lo cual implicaba a su vez un importante aumento de la burocracia, tal como el propio J. Comorera reconocía»[167].

Sin embargo, el proceso de socialización avanzó con mayor rapidez y profundidad en Aragón, donde la hegemonía popular del anarcosindicalismo era muy amplia y, además, las fuerzas milicianas estacionadas en el territorio se identificaban mayoritariamente con las colectividades. Ya en los primeros meses de la guerra se constituyeron 25 federaciones comarcales, que hacia septiembre de 1936 reunían 450 colectividades agrarias, acercándose a las seiscientas en 1937.

El 14 y 15 de febrero de 1937 tuvo lugar en Caspe el congreso constitutivo de la Federación de Colectividades de Aragón, al que acudieron unas seiscientas delegaciones, así como representantes del Comité Nacional de la CNT, del Comité Peninsular de la FAI y del Comité Regional de los Grupos Anarquistas. La Federación se arrogaba una serie de competencias económicas y administrativas que incluían, por ejemplo, el control de las granjas de experimentación con semillas, la creación de escuelas profesionales especializadas, la organización de equipos de técnicos agrícolas, las relaciones económicas con el extranjero, las estadísticas de producción, y la conformación de una caja de resistencia para apoyar a las colectividades federadas que pudieran tener problemas económicos.

Este proceso de articulación amplia del sector autogestionado de la economía pudo desplegarse por la complicidad que mostraba hacia él el organismo político que, al menos temporalmente, tomó el lugar del Estado en la región: el Consejo de Aragón.

El Consejo de Aragón se constituyó en Alcañiz, sede del Comité Regional de la CNT, y fijó su residencia en Fraga. En su primera reunión en dicha localidad, el 15 de octubre de 1936 dio a conocer el nombre de sus componentes, con clara hegemonía cenetista, y otorgó su presidencia al anarcosindicalista Joaquín Ascaso. El 20 de noviembre, y tras una tensa negociación con el gobierno central y la Generalitat, el presidente Largo Caballero reconoció al Consejo como la autoridad efectiva de la República en el territorio aragonés, con la condición de admitir en su seno a representantes del resto de fuerzas políticas.

En enero de 1937, establecido ya en Caspe, el Consejo dio a conocer su composición definitiva. Bajo la presidencia de Joaquín Ascaso, el consejo quedaba constituido por seis consejeros de la CNT y otros seis de otras organizaciones políticas y sindicales (uno de ellos Benito Pabón, abogado de cenetistas afiliado al Partido Sindicalista).

Esta hegemonía expresa del anarcosindicalismo en la estructura política que había tomado el lugar de los poderes del Estado republicano en Aragón, permitió una expansión aún mayor de los procesos de integración económica federalista de las colectividades y una mejor articulación de la vida productiva en la región. Durante los ocho meses de mandato del Consejo (hasta su disolución por decreto del presidente Negrín de 11 de agosto de 1937) su labor de gestión política contribuyó con claridad a la expansión e integración del sector autogestionado del campo aragonés. Como nos cuenta Félix Carrasquer:

«No obstante el cúmulo de insidias y triquiñuelas entre el que se debatió siempre el Consejo, como la CNT era mayoritaria y, por consiguiente, asumía el mayor número de carteras y entre ellas las más importantes como eran las de Economía e Interior, bajo los auspicios del mismo pudo celebrarse, los días 14 y 15 de febrero de 1937, el congreso constitutivo de la Federación Regional de Colectividades que permitiría la expansión y coordinación de la economía: mediante el establecimiento de estadísticas, organización de equipos de trabajo, ayuda a las comarcas más pobres, dotación de técnicos competentes para la enseñanza agropecuaria, creación del Fondo Regional para los intercambios con el exterior, abastecimiento de los frentes, envío de los excedentes a Intendencia general, incremento de la producción, etc.»[168].

Esta tesis de que la integración federativa de las empresas autogestionadas permitiría una planificación participativa y democrática, basada en un cúmulo de estadísticas, análisis e informaciones constitutivas de un auténtico «común» científico al alcance de todos los productores, será profundizada y defendida con pasión en las décadas siguientes a la Guerra por algunos de los economistas libertarios que la vivieron, y que tuvieron que partir posteriormente al exilio, como Marín Civera o Abraham Guillén. Aunque hunde sus raíces históricas en textos previos como el ya mencionado de Abad de Santillán o en perspectivas defendidas por algunos sectores del sindicalismo revolucionario como las de Pierre Besnard, lo cierto es que su confrontación con la realidad efectiva durante la Guerra Civil española y el proceso colectivizador mostró las limitaciones generadas por una situación política en la que los partidarios de las colectivizaciones no consiguieron mantener la hegemonía fuera de los centros de trabajo que habían colectivizado.

Por otra parte, falta por hacer un estudio detenido y detallado sobre las implicaciones de esta tensión entre los procesos contradictorios de «colectivización-socialización desde abajo» y de «estatización desde arriba» sobre las estructuras de las organizaciones obreras implicadas, y muy concretamente sobre los procesos de centralización del poder en la propia CNT. Las contradicciones internas de los sindicatos, impulsados desde sus bases a expandir las dinámicas de socialización, mientras la participación gubernamental de la organización imponía el acompañamiento del proceso de estatización y reconstrucción de la institucionalidad burguesa a los Comités directivos, impactó también, y eso habría que estudiarlo de manera rigurosa, en los propios discursos y prácticas sindicales, así como en las estructuras internas de las organizaciones.

[07]

COLECTIVIZACIÓN Y EDUCACIÓN

El problema de la educación era secular en España: a comienzos del siglo XX más de la mitad de la población española era analfabeta y de los países de nuestro entorno, sólo Portugal tenía mayores tasas de analfabetismo[169]. En esta dirección fueron muchas de las medidas que se tomaron con el acontecer revolucionario. La puesta en marcha de nuevas dinámicas en el proceso productivo por parte de las colectividades, ya sea en las ciudades como en las zonas rurales, vino acompañada muy habitualmente de la implementación de nuevas técnicas pedagógicas y de la construcción de escuelas, centros de capacitación profesional y otros espacios culturales.

El movimiento sindical libertario, previamente al inicio de la Guerra Civil, había insistido de manera persistente en la importancia estratégica de la educación para la construcción de la conciencia colectiva y las capacidades técnicas necesarias para poner en marcha una nueva sociedad. En este sentido, el movimiento obrero libertario había hecho suyas y profundizado las tesis de la importancia de la pedagogía en la práctica política y social, que había popularizado previamente el republicanismo federal.

El sindicalismo libertario, antes de la Guerra, había financiado con sus propios fondos la construcción y apertura de escuelas y ateneos, en los que se impulsaba la alfabetización de la clase obrera y la construcción de una conciencia colectiva y unos valores compartidos entre los hijos de los afiliados de la organización.

El propio Diego Abad de Santillán, en su obra *El organismo económico de la revolución*, había adelantado cuál era la concepción relativa al sistema educativo que latía tras el proceso de organización del anarcosindicalimo. En un epígrafe dedicado a un futuro «Consejo del Ramo de la Cultura», organismo federal de integración nacional del sistema educativo-cultural que proponía ya antes de la Guerra, afirmaba:

«La revolución necesita obreros capacitados, campesinos de iniciativa, hombres de base sólida; y la escuela nueva y las instituciones especiales de estudio, de experimentación y de ensayo darán esa generación que hace falta. Con hombres instruidos, conocedores de su oficio, científicamente formados, España dejará de ser lo que es y podrá corresponder a los anhelos de los patriotas más exaltados.

El capitalismo no puede sostener a su actual aparato de instrucción pública; la parte más grande de sus presupuestos debe ser consagrada a la fuerza pública, a los cuerpos diversos de guardias, al ejército y a la marina; el maestro es un pobre funcionario olvidado, que raya con la miseria. La nueva economía tiene necesidad de muchos millares de escuelas más, de muchos millares de profesores nuevos, de numerosas escuelas de artes y oficios y de agricultura y ganadería. Parte de ese personal existe ya, otro tanto puede formarse en pocos años»[170].

Partiendo de este punto de vista ideológico, no es de extrañar que las colectivizaciones vinieran acompañadas de un proceso de expansión del sistema educativo colectivo y autogestionado, incluso proclamando, como hicieron muchas colectividades agrarias de Aragón, la prolongación de la escolarización hasta los 15 años[171].

Las colectividades aragonesas impulsaron numerosos centros educativos y actividades culturales, en una zona rural de tradicional analfabetismo y abandono por parte del sistema de instrucción estatal. Así, en Alcorisa, en la provincia de Teruel, el abogado cenetista Jaime D. Segovia puso en marcha el Instituto de educación secundaria «Francisco Ferrer», dotado de campos, granjas y talleres. En el pueblo de Calanda, muy cercano a Alcorisa, la colectivización aumentó el número de maestros de la escuela de 8 a 18 y, mediante la rehabilitación de un antiguo convento, construyó nuevas aulas, constituyendo el «Grupo Escolar Ferrer y Guardia», con unos 1.200 alumnos. En localidades como Binéfar, Tamarite, Albalate de Cinca y Fraga se pusieron en marcha centros culturales. En Mozón, Barbastro, Albalate de Cinca, Tamarite, Albeida, Fraga, Peñalba, Caspe, Alcañiz, Alcorisa, Valderrobles, Más de las Matas y otros lugares, se constituyeron cuadros escénicos dedicados al teatro popular. En Monzón, no sólo se puso en marcha la Escuela de Madres impulsada por la organización Mujeres Libres, sino también una Escuela de Militantes, patrocinada por la Federación Regional de Colectividades.

Mientras tanto, en Cataluña, este proceso adquiría una nueva dimensión dada la participación de la CNT en el Consejo de Milicias Antifascistas y, posteriormente, en el gobierno de la Generalitat.

Así, por ejemplo, por Decreto de la Generalitat de Cataluña de 29 de julio de 1936, se creó el Comité de la Escuela Nueva Unificada (CENU), formado por cuatro representantes de la CNT, cuatro de la UGT y cuatro de diferentes instituciones del gobierno catalán. Las competencias de dicho Comité, según el Decreto, eran las siguientes:

«1. Organizar en los edificios requisados el nuevo régimen de escuela nueva sustituyendo la escuela confesional.

2. Intervenir y regir el nuevo régimen docente, asegurando que responda, en todos los aspectos, al nuevo orden impuesto por la voluntad del pueblo, es decir, que esté inspirado en los principios racionalistas del trabajo, que todo obrero con aptitudes pueda llegar, sin obstáculos y prescindiendo de todo privilegio, desde la escuela primaria a los estudios superiores.

3.Coordinar los servicios de enseñanza del Estado, del Ajuntament y de la Generalitat, presidido por el Conseller de Cultura o la persona a quien delegue».

El CENU, presidido por el maestro anarcosindicalista Joan Puig Elías, se dotó de su propio reglamento interno el 4 de noviembre de 1936, al tiempo que se otorgó a sí mismo el derecho a nombrar maestros y desarrolló un procedimiento para que éstos obtuvieran el preceptivo Certificado de Aptitud Pedagógica. Como organismo director del ámbito educativo en Cataluña, el CENU implementó potentes campañas contra el analfabetismo y se ocupó de la continuación de las actividades escolares de los niños desplazados por la guerra[172]. Pocos meses después de su puesta en funcionamiento elaboró un Plan General de Enseñanza, basado en la aspiración de «crear una Escuela Nueva en la que el fuego de la libertad y el progreso no se acabe nunca»[173]. El Plan llegó a implementarse en las etapas de maternal, primaria y secundaria, pero nunca en su totalidad.

El CENU estableció, por primera vez en el Estado Español, la coeducación de sexos en todas las etapas escolares. Puso en marcha el Servicio de Material Escolar y Pedagógico, así como cursos de cultura general, campañas pedagógicas en la radio y los sindicatos, y colonias para la infancia refugiada.

El proceso colectivizador vino acompañado por el establecimiento de numerosas escuelas racionalistas, como las de Serós, Amposta y Arenys de Mar (en Cataluña), las de Benicarló, Xátiva, Uriel, Elche, Villena o Mislata (en el País Valenciano), las de Belvis del Jarama, Manzanares, Miralcampo, Cuenca (en Castilla La Mancha) o las de Huéscar o Jódar (en Andalucía).

También se pusieron en marcha numerosas escuelas profesionales, donde se pretendía implementar una formación integral, que aunase los conocimientos técnicos y teóricos con el trabajo manual. Algunos ejemplos ligados a la industria son el Departamento de Capacitación Profesional de la Industria Colectivizada de la Madera de Barcelona, la Escuela Técnica de Óptica de la Industria Cristalera de Barcelona, la Escuela Profesional de la Industria Ferroviaria de Cataluña, la Escuela de Capacitación de la Colectividad de Autotransporte de Alcañiz, el Taller-Escuela de la Industria Metalúrgica Socializada de Alicante, el Instituto Obrero del Sindicato de la Industria Textil y Fabril de Alcoy, la Escuela Politécnica Confederal de Madrid, la Escuela Profesional de Artes y Oficios de Elda (constituida conjuntamente por la CNT y la UGT). Otros ejemplos ligados a las colectividades rurales son: la Escuela de Secretarios de Colectividades de Valencia, la Universidad Agrícola de Moncada, el Instituto Regional Agro-Pecuario (Hogar Escuela) de la Federación Regional de Labradores del Centro, o la Escuela de Militantes de Monzón[174].

Se impulsaron las colonias para la infancia refugiada, y sus familiares, que venían huyendo de los frentes, como, por ejemplo, las colonias «Espartaco» en Argentona, la Escuela de Militantes «Ramón Acín» en Valencia, la colonia «Ascaso-Durruti» en Lança, o la escuela para infancia refugiada «Mundo Nuevo» en el Pirineo catalán.

Destacó, también, en este proceso de extensión de la pedagogía popular, la organización libertaria Mujeres Libres, que constituyó centros culturales y educativos como el Casal de la Mujer Trabajadora de Barcelona, los Institutos de Mujeres Libres de Madrid y Valencia, o la Casa de la Maternidad de Barcelona, así como la Escuela de Madres de Monzón.

Esta frenética actividad pedagógica, ligada al proceso de colectivización autogestionaria de la producción en un contexto de guerra y hostilidad interna, llevó a los colectivizadores a reflexiones de calado sobre el mismo proceso que ellos y ellas implementaron. Así,

Félix Carrasquer resumirá años después lo aprendido durante la Guerra Civil, sobre las relaciones entre pedagogía y práctica colectivizadora, de la siguiente manera:

«En las industrias y poblaciones donde había hombres consciente y humanamente preparados, capaces de dinamizar la vida cívica y económica desde el primer instante, la colectividad se desenvolvió con una eficacia ejemplar, mientras que allí donde esos hombres faltaron, su desarrollo fue vacilante y a veces confuso (...). Esto debería de servir de lección para las organizaciones de acción directa que pretenden sustituir la sociedad represiva por otra de libertad y justicia, y que por eso mismo caerían en flagrante contradicción si pretendieran hacer el cambio careciendo de hombres que pudieran garantizar la buena marcha de la colectividad tanto por su competencia técnica en el área productiva, distributiva y de los servicios como, en una perspectiva ética, por su capacidad solidaria y su conducta intachable (...) fácil es comprender que la primera tarea que a dichas organizaciones incumbe es, sin lugar a dudas, una tarea de carácter pedagógico.»[175].

[8]

COLECTIVIDADES Y SUBJETI-VIDAD DE LAS CLASES POPULARES

La transformación colectivista de la economía representó un jalón importante en las trayectorias vitales de quienes trabajaron y reflexionaron en las empresas y pueblos colectivizados. Múltiples testimonios inciden en las implicaciones que esto tuvo para la visión de la vida de los implicados e implicadas, para los mecanismos de construcción de su propia subjetividad individual y su comprensión de lo colectivo.

Michel Foucault insistió reiteradamente sobre los mecanismos mediante los que las instituciones sociales cogeneran la subjetividad. Para él, el proceso de cuestionamiento de la política y la moral dominantes precisa de un trabajo consciente de reflexión capaz de desenterrar las raíces de las «racionalidades» que operan en el campo social, y de negar en la práctica las formas de subjetivación heredadas e impuestas. Si el poder es, esencialmente, biopoder (gestión de la vida para ponerla al servicio de las necesidades del dominio), la subjetivación de los individuos en la trama social es un proceso complejo operado por múltiples dispositivos que hacen interiorizar la «racionalidad» del poder y desechar toda racionalidad alternativa. Por ello, afirma Foucault:

«Se podría decir, para concluir, que el problema a la vez político, ético, social y filosófico que se nos plantea hoy, no consiste tanto en intentar liberar al individuo del Estado, y de sus instituciones, cuanto liberarnos a nosotros mismos del Estado y del tipo de individualización que este conlleva. Hemos de promover nuevas formas de subjetividad que se enfrenten y opongan al tipo de individualidad que nos ha sido impuesta durante muchos siglos.»[176].

Por tanto, lo cierto es que la trama del dominio (estatal, capitalista) no consiste tan sólo en un atado de instituciones jurídico-políticas o en un modo de producción económica, sino, también, en lo que Gilles

Deleuze y Félix Guattari calificaron como «un régimen de producción del deseo». Una articulación del deseo que el dominio bloquea mediante mecanismos de producción de fantasma como la idea de carencia, la represión libidinal y la univocidad del significante:

«Nosotros sabemos de dónde proviene la carencia —y su correlato subjetivo, el fantasma. La carencia es producida, organizada, en la producción social (...) Es el arte de una clase dominante, práctica del vacío como economía de mercado: organizar la escasez, la carencia, en la abundancia de producción, hacer que todo el deseo recaiga en el gran miedo a carecer, hacer que el objeto dependa de una producción real que se supone exterior al deseo (las exigencias de la racionalidad), mientras que la producción del deseo pasa al fantasma (nada más que al fantasma)».[177]

Es por ello que, en palabras de Deleuze y Guattari «los revolucionarios a menudo olvidan, o no les gusta reconocer, que se quiere y hace la revolución por deseo, no por deber». Así, el proceso de construcción y liberación del deseo en que la revolución consiste, o que la revolución, si es tal, desata, es también un proceso de liberación materialista y productivo del fantasma creado por el concepto idealista de la carencia. Como afirman Deleuze y Guattari:

«La objetividad del hombre, el ser objetivo del hombre, para el cual desear es producir, producir en realidad. Lo real no es imposible, por el contrario, en lo real todo es posible, todo se vuelve posible. No es el deseo el que expresa una carencia molar en el sujeto, sino la organización molar la que destituye al deseo de su ser objetivo. Los revolucionarios, los artistas y los videntes se contentan con ser objetivos, nada más que objetivos: saben que el deseo abraza a la vida con una potencia productiva, y la reproduce de una forma tan intensa que tiene pocas necesidades. Y tanto peor para los que creen que es fácil, o que es una idea en los libros».[178]

¿Desencadenó la experiencia de las colectividades un proceso de este tipo, una dinámica de organización material y liberación del deseo en lo real, y no tan sólo un nuevo despliegue de fantasma, en la forma de utopismo o de anhelo impotente? ¿Se transformó, al menos parcial y temporalmente, la subjetividad de los actores de las clases populares que implementaron las colectivizaciones y, no contentos, con ello, desplegaron una miríada de iniciativas culturales, sociales y solidarias en espacios sociales que habían sido condenados a siglos de atraso y aislamiento? ¿Constituyeron las colectivizaciones un dispositivo de subjetivación nuevo y «desviado», productor de una nueva individualidad y de una sociabilidad inédita, al menos temporalmente?

El periodista Alardo Prats y Beltrán nos da pistas para intentar desentrañar esta cuestión, cuando, en 1937, describe el ambiente reinante en las colectividades aragonesas de la siguiente manera:

«Todas estas muchedumbres de hombres, mujeres y jóvenes tienen en su memoria aún grabado cuánto significa un régimen de opresión y de atraso, y ante la realidad actual, el contraste surge poderoso, como supremo argumento, que aniquila toda una época para siempre derrumbada. Cualquier sombra de recelo por el porvenir está lejos de su espíritu. Dan la impresión de que trabajan para la eternidad. Tal es su seguridad en las decisiones que toman, tal es su ahínco en la perfección de los sistemas de trabajo y de organización del mayor rendimiento de este. Tal es su fe en la victoria».[179]

Encontramos aquí, en gran medida, el despliegue del proceso narrado por Deleuze y Guattari: la superación del estadio marcado por la carencia y el fantasma (el atraso y la opresión) por la vía de un despliegue del deseo en lo real (sistemas de trabajo, organización) que determina una objetivación total del sujeto (que le libera de cualquier recelo por el porvenir y le dota de una nueva seguridad liberada de la carencia).

Un proceso que define también, con agudeza, Alejandro Díez Torre, en su estudio sobre las colectividades de Aragón:

«Desde luego es innegable que, en un número de testimonios —de personas observadas y de testimonios involuntarios que nos han llegado—, pese a las diferencias generacionales, entre viejos muy viejos y niños, pasando por el elemento femenino de edades jóvenes y medias —el más común en las poblaciones, con un número de hombres en los frentes—, los protagonistas de aquellas experiencias compartieron un mismo sentimiento de vivir su propia vida y decisiones colectivas, dentro de los límites y restricciones de una guerra siempre cercana»[180].

Pero ¿en qué se concretaba ese «sentimiento de vivir su propia vida»?, ¿qué dispositivos de subjetivación implicaba? Nos cuenta Díez Torre que, el proceso iniciado formalmente por la proclamación de la República y precipitado por el dominio popular sobre las fuentes de la economía:

«Imbuyó a las poblaciones de un optimismo fundamental: que les hizo tomar en todas partes decisiones sin recelo por el porvenir, con la seguridad de la convicción que da disponer —y preferir mil veces— otra opción mejor que el régimen de opresión y atraso del que venían (y del que tenían grabado en la memoria sus significados, frente a la realidad que aniquilaba para siempre una época derrumbada). El espíritu compartido de optimismo no fue así sino consecuencia directa de una moral de superación, tanto como de reafirmación en el orden práctico de las transformaciones —de los pueblos, de la vida— realizadas por las Colectividades en Aragón. Y la victoria que se soñaba en la guerra, comenzó en los frentes de trabajo y la economía, para terminar en un régimen de convivencia y un modo de vida nuevos»[181].

Félix Carrasquer, testigo presencial del proceso, hace hincapié en tres dinámicas concretas que conllevan la expansión de los horizontes psicológicos y sociales de las personas que intervinieron en él:

«1º en el trabajo, cuyo rendimiento y la alegría que a lo largo de la jornada iban derramando los trabajadores de diferente sexo y edad pese al esfuerzo que aquel exigía en determinadas épocas del año, alcanzaron cotas insospechadas; 2º en las numerosas muestras de solidaridad que nacían espontáneamente a tenor de las circunstancias y de las muchas vicisitudes de aquella inolvidable epopeya; y 3º en la asamblea, donde gracias al impacto que la cooperación en todas las funciones y actividades de la colectividad iba dejando en el ánimo de todos sus miembros, la diversidad de los temas comprendidos en el orden del día sería fuente inagotable de criterios para la participación activa de todos los asistentes»[182].

Lo cierto es que difícilmente puede entenderse el proceso de expansión de las actividades culturales, sociales, de cuidados y artísticas que acompañó a las colectivizaciones, si se pretende leer el período como la imposición de un grupo minoritario o extremista sobre una población renuente. Sólo la participación activa y la iniciativa autónoma de grandes masas de campesinos y obreros puede explicar la multiplicación de los grupos de teatro, las escuelas de madres, las conferencias multitudinarias en pueblos que nunca habían tenido vida cultural oficial alguna o la apertura de escuelas sin esperar a la iniciativa del Estado, por parte de consejos municipales en los que abundaban los trabajadores analfabetos.

El proceso colectivizador parece haber funcionado como un gran dispositivo de subjetivación capaz de liberar el deseo de los individuos y colectivos de las clases populares y de desplegarlo en un proceso material de organización de nuevas vivencias, y nuevas iniciativas. Eso es lo que nos quiere indicar Félix Carrasquer cuando nos dice:

«Todo ello se hacía de manera espontánea y sencilla —y esto es lo admirable— porque era la expresión sincera de un deseo hondamente sentido: el de unos rudos campesinos, que amaban la cultura y que, sin pretensiones de alcanzar grandes niveles, trataban de aprehenderla poniendo en juego el único medio del que disponían: su imaginación creadora, bella promesa de futuro si la apisonadora del acontecer bélico no hubiera pasado por nuestras tierras barriendo hasta sus cimientos la estructura solidaria que con tanto amor y entusiasmo habían conseguido levantar aquellos hombres»[183].

[09]

A MODO DE CONCLUSIÓN

A pesar de que hablar de resultados cuantitativos concluyentes es complicado por todas las dificultades relativas a las fuentes que hemos ido enumerando desde que comenzamos nuestro estudio, lo que sí podemos hacer es apuntar ciertas líneas que sirvan de guía para posibles investigaciones futuras y aportar nuestras propias conclusiones.

Para empezar, analicemos los resultados económicos. Éste es uno de los temas que más complejidad conlleva debido a las especiales circunstancias en que se enmarca la experiencia autogestionaria relatada. Hay que tener en cuenta los problemas en la adquisición de materias primas y de bienes de equipo con que se encontraron los colectivistas y la dificultad para vender en un mercado dividido por la guerra, o lo que es lo mismo, los problemas de oferta y demanda inherentes a la propia contienda bélica, que hacen muy difícil cualquier estimación al respecto. Asimismo, las disputas políticas introducen aún mayores grados de incertidumbre a la hora de enjuiciar las posibilidades económicas de un sistema como el descrito. Aun así, es indudable que hubo colectividades agrarias e industriales que fueron un éxito económico rotundo. Se puede suponer que aquéllas cuya descripción provenía de las fuentes favorables a este nuevo sistema eran las que fueron descritas como las que mejor funcionaban, pero también es verdad que estas mismas fuentes reconocieron el fracaso de algunas otras: Leval menciona los casos de Baltana y Aínsa[184], en Huesca, como ejemplos de esto mismo. De igual modo, en Puigcerdá, el alcalde se aprovechó de la situación para dedicarse al contrabando[185]. Por otro lado, podemos encontrar entre los escépticos de este movimiento autogestionario el reconocimiento del éxito de algunas experiencias: ya hemos hablado del caso de José Silva para Candasnos (Huesca)[186] y también se puede incluir aquí a Franz Borkenau cuando describe como «logro extraordinario» la capacidad de los trabajadores de los talleres de la compañía general de autobuses, que él mismo visitó, para ponerla en funcionamiento[187]. De hecho, también mencionamos anteriormente el caso de la industria del transporte catalana y los resultados positivos que obtuvo en la puesta en marcha de estos servicios con un funcionamiento de carácter autogestionario.

También la industria de guerra tuvo comportamientos que es necesario reconocer, máxime si se tiene en cuenta el momento en que se dieron. No sólo fue meritoria la transformación de la industria civil en bélica, sino que, además hay que tener en cuenta las desfavorables condiciones en que se hizo, en cuanto a la posibilidad de adquisición de equipos y materiales del extranjero (dada la falta de divisas). La carta de Companys a Prieto[188] resulta elocuente en la descripción de los logros en este ámbito, aunque hay que reconocer que se trataba de un intento del presidente catalán de no perder autonomía regional a favor del gobierno de Madrid. No obstante, Chomsky[189] cita los testimonios de personas «no anarquistas» como Tarradellas o un socialista suizo llamado André Oltramare, que se manifiestan en términos análogos acerca de la producción colectivizada de esta industria. En todo caso hay que admitir que la Generalitat jugó un papel coordinador importante, a pesar del cual no parece que se produjera demasiada presión estatal sobre la autonomía diaria de las fábricas hasta el decreto de militarización.

Respecto al CLUEA, una experiencia única que trató de extender la autogestión al comercio de exportación, no hemos encontrado estudios que se refieran específicamente a este organismo. Sin embargo, sí nos parece que las medidas que se tomaron para incrementar las ventas y los ingresos (la supresión de puestos intermedios en el proceso de distribución y la concentración del sector) iban por muy buen camino para la obtención de unos resultados positivos y acertaron en los principales problemas con que se encontraba el sector. Esto no resulta inverosímil, si se tiene en cuenta el papel de los trabajadores de una rama productiva concreta en una economía autogestionada y, por tanto, el conocimiento directo que pueden aportar acerca de sus dificultades técnicas.

En el campo se destacan muchas colectividades en las que las mejoras económicas eran patentes. Nada más que a título ilustrativo podemos citar el ejemplo de Almagro del que nos habla Thomas[190]. En cuanto a las cifras globales, no existe ningún estudio que trate de la producción agraria de la economía autogestionada, por lo que es difícil hacer estimaciones en este sentido, aunque sí parece que, ante la extensión del movimiento y el hecho de que las primeras reacciones después del 18 de julio para volver a hacer funcionar el sector agrícola procedieran de los propios campesinos, la labor colectivista fue fundamental para reanudar la producción del sector. Además, su papel en la economía de guerra queda patente en los envíos al frente desde las colectividades. En cualquier caso, la mayor importancia de la colectivización agrícola fue la de poner en marcha de manera espontánea una reforma agraria que numerosos gobiernos, tanto dictatoriales como democráticos, no habían podido o no habían querido implantar. No en vano, y para antes de la Guerra Civil, según Pierre Vilar, en el período que va desde la victoria electoral del Frente Popular hasta el 18 de julio, solamente en Toledo y Badajoz «se repartieron [...] 250.000 hectáreas de tierra [que suponían más] de lo que se habían repartido en toda España desde 1900»[191]. Es evidente que no toda esta tierra fue dedicada a explotación colectivista, pero destaca la espontaneidad con que se procedió al reparto sin esperar una reforma que siempre acababa por aplazarse y ayuda a entender en parte el comportamiento del campesinado español, una vez comenzada la guerra, a partir de su necesidad de un cambio estructural profundo.

En definitiva, lo que hace del experimento un ensayo con posibilidades de buen funcionamiento económico, son todas esas medidas que hemos ido enunciando y detallando, y que se tomaron desde la perspectiva de la racionalidad económica, tales como la concentración (de empresas y talleres, en la industria; de parcelas, en el campo); la adquisición de bienes de equipo para las fábricas; la mecanización del agro; la experimentación con especies animales y vegetales para alcanzar una mayor productividad en el sector primario, etc.

Pero no es desde luego en las cifras macro o microeconómicas en lo que estaban pensando los protagonistas de estos acontecimientos cuando pusieron en marcha toda la economía de nuevo, aunque, esta vez, bajo un modelo sistémico radicalmente diferente. En efecto, lo que les preocupó siempre fueron las condiciones sociales en que se encontraban y que les convertían en seres alienados económica y políticamente. En este sentido, la mejora obtenida con las nuevas circunstancias es indiscutible.

Un ejemplo de esto fueron las reformas educativas que empezaron a ponerse en práctica. Como hemos visto se abrieron numerosas escuelas en los pueblos, muchas veces en lugares donde antes no había ninguna, y se introdujo la obligatoriedad de la asistencia a las mismas para evitar que los menores se dedicasen a trabajar con sus familias en vez de estudiar. El trabajo infantil estaba muy extendido en España y, una vez que se introdujeron mejoras en la vida económica de la población, se trató de liberar a los pequeños de las cargas laborales para permitirles una educación adecuada. Además, de las escuelas se eliminaron las influencias religiosas y se inspiraron en la Escuela Moderna de Francisco Ferrer i Guardia, con lo que se trataba de fomentar una educación racional y científica. Del mismo modo fueron creadas bibliotecas y centros para la formación de los adultos, así como instituciones destinadas a la capacitación técnica de los trabajadores.

En materia de asistencia social los progresos fueron igualmente evidentes. Se otorgaron pensiones a los ancianos jubilados, algo que entonces no existía, y a los parados se les incorporó a las empresas, aunque para ello hubiera de disminuirse la jornada laboral, por la falta de actividad debida a los problemas económicos del momento. Asimismo, las prestaciones sanitarias gratuitas hicieron del sistema creado una novedad en ese ámbito, puesto que éstas eran ventajas que en los años treinta no existían en todas partes y mucho menos en el campo español. Este tipo de medidas, que pueden resultar totalmente antieconómicas, iban inspiradas en una idea de justicia social muy avanzada y tuvieron lugar mucho antes de la aparición del llamado Estado de Bienestar, logrando no sólo adelantarse a su despliegue histórico sino además alcanzar una profundidad en las reformas que éste no ha llegado a conseguir.

En el ámbito de la creatividad y de la iniciativa se dieron casos sorprendentes. El amplio margen de libertad de que gozaban tanto obreros como técnicos facilitó que se idearan soluciones ingeniosas para los problemas que enfrentaron en su trabajo. Esto es lo que explica algunos de los cambios radicales que se dieron para transformar la producción de algunas fábricas y adaptarlas a las necesidades de una industria de guerra. El ejemplo perfecto es el de la fábrica de lápices de labios que pasó a producir balas. Pero además empezaron a fabricarse nuevos modelos de los productos manufacturados que ya se estaban comercializando, como fue el caso de los autobuses. Todo esto, que puede parecer menos importante, no lo es tanto si se tiene en cuenta que la creatividad, generalizada a la totalidad de la población y no sólo a unos estamentos sociales concretos, es difícil que surja en ambientes represivos, por lo que es prueba fehaciente de la libertad y del margen de maniobra para la experimentación de que se disfrutaba. Es, por tanto, consecuencia del cambio en las subjetividades que hemos explicado. Por otro lado, y de manera más funcional, la creatividad tiene un papel imprescindible a la hora de enfrentarse con problemas nuevos, es decir, que no hayan sido estudiados con anterioridad. El ejemplo contrario es el de la organización del trabajo ideada, por ejemplo, por Henry Ford y parodiada por Charles Chaplin en la película *Tiempos Modernos*, donde se pone de manifiesto la monotonía de la rutina laboral y la ausencia de creatividad, que conlleva una alienación. De ahí la importancia de algo que puede parecer secundario, pero que no lo es si se analiza desde la perspectiva de la aportación a que puede dar lugar en un plano ontológico.

Sin embargo, evidentemente, no todo fueron éxitos y ventajas: también se dieron algunos fracasos, como ya hemos visto, y sobre todo, ciertos problemas no resueltos. Ya hemos hecho especial hincapié en algunos de ellos, como es el caso de la falta de solidaridad entre distintos entes colectivizados. Una transformación estructural que pretenda un modelo de vida socialmente más justo que el sistema que la precede debe dotarse de mecanismos que traten de evitar la reproducción de las mismas contradicciones de que aquél adolece. Por eso la aparición de diferencias en los niveles de vida entre el campo y la ciudad o entre distintas colectividades agrarias o industriales deben verse con preocupación y apunta directamente al reto de dotar a las sociedades anarquistas de mecanismos de redistribución con el fin de aunar libertad e igualdad tal cual queda reflejado en sus publicaciones. El aspecto más positivo de las colectivizaciones, en este sentido, fue la capacidad demostrada para percatarse de tales diferencias y para idear dispositivos con el fin de ponerles remedio. Aquí la acción de los sindicatos fue especialmente útil, en tanto que significó el aprovechamiento de las estructuras que ya estaban creadas para la resolución de tales dificultades y puesto que sirvieron como modelo para la creación de algunos organismos de coordinación.

Por otro lado, los abusos de poder que hemos apreciado en algunos colectivos son también fuente de inquietud, solamente atenuada por el grado de excepcionalidad con que se dieron y por el hecho de que estuvieron previstos estatutariamente en muchos pueblos y se intentó poner los medios para evitarlos (tales como el principio de renovación y revocabilidad de los comités).

El que, ante estos obstáculos inherentes (aunque no sólo) al propio funcionamiento autogestionario se dieran ya los primeros pasos hacia su continuo encaramiento, nos lleva a pensar que se era consciente de los mismos y de la necesidad de su superación. La efectividad de las medidas tomadas a tal fin es difícil de concretar por la duración de todo el proyecto y las especiales circunstancias en que tuvo lugar, aunque se empezaban a apreciar mejorías en este sentido. Además, también se dieron casos de solidaridad incluso antes de que se tomasen medidas para ello, lo que hace difícil la generalización.

La consciencia y la conciencia social de que hicieron gala las trabajadoras y trabajadores españoles resulta encomiable. Efectivamente, la labor desarrollada por ellos hace que sea necesario reconocer que la revolución que tuvo lugar en España a partir de julio de 1936 fue una revolución más allá de las diferentes siglas políticas o sindicales. Esta hipótesis vendría confirmada por el número de colectividades que se hicieron aparte de las de la CNT y la UGT —como las de los refugiados de guerra o aquéllas de organizaciones con posiciones oficiales contrarias a ese movimiento (como el PCE y las organizaciones burguesas)—, así como por el hecho de que la iniciativa partiera de los propios productores antes de que sus organizaciones respectivas reaccionaran. En todo caso, hay que reconocer todo el trabajo de preparación política y cultural que se había llevado a cabo antes del levantamiento militar. Por parte de los anarquistas, desde la llegada de Giuseppe Fanelli en 1868 y la creación de diferentes organizaciones que culminó con el nacimiento de la CNT en 1910. Por parte de los socialistas, desde la fundación de la UGT en 1888.

En cualquier caso, y aunque podría ser interesante un estudio mucho más detenido del papel de la espontaneidad de los trabajadores y su relación con sus líderes o con las estructuras que estaban por encima de ellos, no nos parece aventurado reconocer el papel de la iniciativa de las bases a la hora de plantearse una transformación social de carácter holístico y su capacidad para analizar y enfrentarse a los obstáculos que aquélla implicó. De hecho, si algo hemos podido entrever en la realización de este trabajo al plantear los cambios en los diferentes ámbitos de la producción, es que fueron los trabajadores y campesinos los que demostraron estar en posesión de una habilidad e impulso para poner en marcha la vida de nuevo que fue bastante más lejos que las propuestas de los distintos dirigentes político-sindicales (incluyendo a aquéllos que se suponía eran más aptos para la mayor extensión de las conquistas revolucionarias, como los de la CNT/FAI). Quizá la mayor crítica que se les puede hacer a las bases obreras del período sea la que señala Richards de haber pecado de ingenuidad y no haber puesto más y mejores medios para evitar la reconstrucción del Estado y el triunfo de la contrarrevolución[192].

No obstante, esa demostración de la capacidad del pueblo español para autogobernarse contrasta mucho con la descripción que hace Tortella cuando dice: «El escaso crecimiento económico mantuvo a la mayoría de la población española en la pobreza y la ignorancia, incapaz de asumir las responsabilidades que comporta no ya la democracia, sino simplemente el liberalismo censitario. Esa gran masa campesina que constituía la mayoría tenía [las siguientes] características [...]: indiferencia general hacia el debate político diario y explosiones periódicas violentas en motines y algaradas, cuando no guerras civiles»[193]. Llama la atención el elitismo y el desprecio por las masas que subyacen en su análisis y creemos que este estudio, si es capaz de demostrar algo, es precisamente lo contrario de lo que afirma, especialmente si se tienen en cuenta todas las medidas que se tomaron antes y durante el acontecer revolucionario de cara a solventar los problemas que, según el propio Tortella, eran los más acuciantes para el desarrollo económico de España, a saber: la cuestión agraria y la educativa[194]. Si bien es verdad que las soluciones que se intentaron distan mucho de las que el historiador propondría.

En definitiva, en España la clase trabajadora dio una lección al mundo acerca de las posibilidades de autodeterminación no ya de una región o de un pueblo sino de cada persona, y de la habilidad de la clase obrera para poner en marcha toda la sociedad, la economía y la política en un marco indiscutiblemente más justo, y más vivible, que las democracias capitalistas y que toda la suerte de dictaduras de distinto signo esparcidas por el mundo.

[10]

APÉNDICES

CUADRO 1

Colectividades agrarias legalmente reconocidas por el Instituto de Reforma Agraria

Provincia	Número de colectividades	UGT	CNT	Mixtas	Extensión total de hectáreas	Número de familias
Albacete	238	210	15	13	92.000	3.550
Alicante	37	23	8	6	22.800	2.270
Almería	37	18	4	15	29.237	2.099
Badajoz	23	17	—	6	350.000	2.650
Ciudad Real	181	112	45	24	1.002.615	33.200
Córdoba	148	—	—	148	141.000	8.602
Cuenca	102	37	5	60	135.179	4.820
Granada	33	—	—	33	45.000	20.000
Guadalajara	205	198	7	—	63.400	2.700
Jaén	760	—	—	760	685.000	33.000
Murcia	122	53	59	10	78.000	4.920
Madrid	76	56	15	5	59.500	5.411
Toledo	100	77	23	—	170.400	9.700
Valencia	151	22	103	26	54.844	21.900
TOTALES	2.213	823	284	1.106	2.928.975	154.822

FUENTE: Gabriel Jackson, *Entre la reforma y la revolución. 1931-1939*, p. 385.

Estatutos de la colectividad
del pueblo de Alcorisa
(Teruel).
Obtenido del libro *Trabajan para la eternidad,*
de Alejandro R. Diéz Torre.
(La Malatesta, Madrid, 2012).

Capítulo I. Bienes en propiedad.

Artículo 1.— Muebles— Son propiedad de la colectividad todos los bienes muebles que aporte el Sindicato Único de Trabajadores; procedentes de las incautaciones definitivas, hechas por el Consejo Municipal, de bienes procedentes de los facciosos. Y lo son igualmente los que posean los colectivistas en el momento de su ingreso.

Artículo 2.— Semovientes— Son propiedad de la colectividad toda clase de semovientes, aperos, útiles de labranza y créditos procedentes de incautaciones definitivas, hechas por el Consejo Municipal, de bienes de los facciosos. Y los que sean propiedad de los colectivistas en el momento de su ingreso.

Artículo 3.— Inmuebles rústicos y urbanos— Son propiedad de la colectividad todos los inmuebles rústicos y urbanos que aporte el Sindicato Único de Trabajadores; procedentes de las incautaciones definitivas, hechas por el Consejo Municipal, de bienes procedentes de los facciosos. Y los son igualmente los que posean los colectivistas en el momento de su ingreso.

Capítulo II. Bienes en usufructo.

Artículo 4.— Usufructuará la Colectividad los bienes entregados para su explotación y aprovechamiento por el Consejo Municipal de Defensa procedentes de las incautaciones provisionales, o sea aquellos bienes que por edad, enfermedad, sexo, ausencia y cultivo deficiente no puedan ser atendidos directa y debidamente por sus dueños.

Artículo 5.— Usufructuará la Colectividad los bienes entregados por el Consejo Municipal de Defensa al Sindicato procedentes de aquellos en los que el que pretenda ser su dueño no haya demostrado suficientemente su propiedad con argumentos admitidos en derecho.

Capítulo III. Personas que pertenecen a la Colectividad.

Artículo 6.— Se considerarán como socios fundadores todos los miembros del Sindicato Único de Trabajadores de Alcorisa en la fecha de constitución de la Colectividad.

Artículo 7.—Serán socios aunque no fundadores:

a) Los que ingresen en el Sindicato Único de Trabajadores.

b) Los que solicitándolo con arreglo a las normas establecidas en los artículos siguientes sean admitidos por la asamblea general de la Colectividad.

Capítulo IV.— Ingreso.

Artículo 8.—La solicitud para ingreso en la Colectividad deberá ser dirigida a la Junta Administrativa de la misma, haciendo constar en ella las circunstancias personales del solicitante, bienes que aporta y organización sindical o política a que pertenece o ha pertenecido.

No podrá solicitar el ingreso ninguna persona menor de catorce años.

Artículo 9.—La solicitud deberá ser dictaminada por la primera asamblea general que celebre la Colectividad.

Capítulo V.—Separación.

Artículo 10. —La separación de la Colectividad podrá ser:

a) Voluntaria justificada.

b) Voluntaria no justificada.

c) Forzosa.

Artículo 11.— La separación voluntaria se verificará por solicitud, exponiendo en ella las causas y razones por las que el colectivista tome tal determinación.

Artículo 12.— En la primera asamblea general colectivista que se celebre se dictaminará por la misma si está justificada o no tal determinación.

Artículo 13.— Cuando la asamblea considere no suficientes los motivos y razones alegados para separarse de la Colectividad, se considerará la separación, en caso de efectuarse por el colectivista, como separación voluntaria no justificada, y tendrá todos los efectos de la separación forzosa.

Artículo 14.— Cuando la asamblea en uso de su soberanía repudie alguno de sus miembros se estará en caso de separación forzosa perdiendo el expulsado todos los bienes y derechos aportados.

Capítulo VI.— Administración de la Colectividad.
Artículo 15. Corresponde la administración de la Colectividad a la Junta Administrativa.

Artículo 16.— Esta Junta se compondrá de cinco miembros que se repartirán entre ellos las funciones de abastos, agricultura, trabajo, cultura y secretaría general.

Artículo 17.— Será nombrada la Junta Administrativa por la asamblea general colectivista expresamente convocada a este fin.

Artículo 18.— El cargo de gestor recaerá forzosamente sobre compañeros confederados y de no ser así, es decir, si recayera el cargo de gestor sobre algún colectivista no confederado, dicha designación quedará en suspenso hasta ser ratificado el nombramiento por el Sindicato.

Artículo 19.— La Junta Administrativa se atendrá siempre en su desenvolvimiento a las más puras normas confederales.

Capítulo VII.— La Asamblea General.
Artículo 20.— La Asamblea general colectivista es el genuino órgano de soberanía de la Colectividad, de ella emanarán las orientaciones y normas por las que se ha de regir la Colectividad y será la que en definitiva resuelva todos los asuntos.

Artículo 21.— Los acuerdos serán tomados por la mitad más uno de los asistentes y serán válidos cualquiera que sea el número de los mismos.

Artículo 22.— La Asamblea general se reunirá:

a) Reunión ordinaria, la vacación más próxima al 1º de cada mes.

b) Con carácter extraordinario, cuando la convoque la Junta Administrativa.

c) Con el mismo carácter anterior, cuando lo solicite un colectivista y sea aceptada la convocatoria de la asamblea por la Junta Administrativa.

Artículo 23.— La solicitud a que se refiere el apartado c) del artículo anterior será presentada a la Junta Administrativa, la cual podrá denegar la convocatoria de la Asamblea general colectivista, si bien vendrá obligada en este caso a dar cuenta a la asamblea ordinaria o extraordinaria más próxima de los motivos que hayan inducido a tal denegación por si hubiere lugar a sanción.

Capítulo VIII.— Derechos y deberes de los colectivistas.

Artículo 24.— Los miembros de la Colectividad tendrán obligación de contribuir con toda su fuerza y capacidad en beneficio de la misma.

Artículo 25.— Los miembros de la Colectividad tendrán derecho a recibir lo que necesiten de la Colectividad, con arreglo a las disponibilidades de la misma.

Capítulo IX.— Forma de disolverse.
Artículo 26.— La colectividad no podrá disolverse mientras la Confederación Nacional del Trabajo de Alcorisa tenga diez afiliados.

Capítulo X.— Destino de los bienes en caso de disolverse la Colectividad.
Artículo 27.— En caso de disolverse la Colectividad, teniendo en cuenta el artículo anterior los bienes de la misma pasarán a la organización local que represente el sector más avanzado socialmente.

Alcorisa, 1º de enero de 1937. La Comisión.

$\left[11\right]$

BIBLIOGRAFÍA

A continuación, enumeramos los libros y artículos que han sido de mayor o menor utilidad para desarrollar el tema estudiado, incluyendo alguno que ha sido empleado más bien como manual de referencia. Aquéllos que tratan otros temas relacionados con el que nos ha ocupado principalmente, no los citamos en este momento, lo hacemos en las notas a pie de página correspondientes.

ABAD DE SANTILLÁN, Diego, *El organismo económico de la revolución. Cómo vivimos y cómo podríamos vivir en España*, Descontrol, Barcelona, 2020.

BERNECKER, Walther L., *Colectividades y revolución social. El anarquismo en la guerra civil española, 1936-1939*, Crítica, Barcelona, 1982.

—, «La revolución social», en PAYNE, Stanley y TUSELL, Javier, *La Guerra Civil. Una nueva visión del con-*

flicto que dividió España, Temas de Hoy, Madrid, 1996, cap. VII, pp. 485-583.

BOLLOTEN, Burnett, *La Guerra Civil española: Revolución y contrarrevolución*, Alianza, Madrid, 1989.

BORKENAU, Franz, *El reñidero español*, Ibérica de Ediciones y Publicaciones, Barcelona, 1977.

BRICALL, Josep Maria, «La economía española (1936-1939)», en TUÑÓN DE LARA, Manuel, et al., *La Guerra Civil española. 50 años después*, Labor, 2ª ed., Barcelona, 1986 (1ª ed. 1985).

CARDONA ROSELL, Mariano. «Aspectos económicos de nuestra revolución», *Conferencia pronunciada en el cine Coliseum de Barcelona el 31 de enero de 1937*, Editado por la oficina de propaganda de la CNT-FAI, Barcelona, 1937

CARRASQUER, Félix, *Las Colectividades de Aragón*, Descontrol, Barcelona, 2016.

CASTELLS DURÁN, Antoni, *El proceso estatizador en la experiencia colectivista catalana (1936-1939)*, Nossa y Jara, Madrid, 1996.

CHOMSKY, Noam, «Objetividad y cultura liberal», en *El movimiento libertario español*, Suplemento de Cuadernos de Ruedo Ibérico, París, 1974, pp. 47-80.

Colectividades (Las) campesinas 1936-1939, Edición de «Los de siempre», Tusquets, Barcelona, 1977.

CORTAVITARTE, Emili, *Movimiento libertario y educación en España (1901-1939)*, Calumnia, Mallorca, 2019.

DIEZ TORRE, Alejandro R., *Trabajan para la eternidad. Colectividades de trabajo y ayuda mutua durante la Guerra Civil en Aragón*, La Malatesta, Madrid, 2009.

ELORZA, Antonio, «La utopía anarquista bajo la II República» en *ídem, La utopía anarquista bajo la segunda república española. Precedido de otros trabajos*, Ayuso, Madrid, 1973, pp. 431-499.

GARRIDO GONZÁLEZ, Luis, *Colectividades agrarias en Andalucía: Jaén (1931-1939)*, Siglo XXI, Madrid, 1979.

GUÉRIN, Daniel, «Anarchism in the Spanish Revolution» en *ídem, Anarchism,* Monthly Review Press, Nueva York, 1970, pp. 114-143.

GIACOMONI, Valeria, *Joan Puig Elías. Anarquismo, pedagogía y coherencia*, Descontrol, Barcelona, 2017.

GUILLÉN, Abraham, «España 1936-39: Economía de las colectividades libertarias» en ídem, *Economía Libertaria. Alternativa para un mundo en crisis*, Madre Tierra, 2ª ed., Madrid, 1990 (1ª ed., Fundación de Estudios Libertarios Anselmo Lorenzo, Bilbao, 1988), cap. III, pp. 86-125.

—, *Historia de la revolución española*, Coyoacán, Buenos Aires, 1963.

GUTIÉRREZ MOLINA, José Luis, *Llevaban un mundo nuevo en sus corazones. La revolución en el conflicto español (1936-1939). Colectividades libertarias en Castilla*, Calumnia, Mallorca, 2020.

JACKSON, Gabriel, *La República española y la guerra civil. 1931-1939*, Crítica, 2ª ed., Barcelona, 1976 (1ª ed. 1967), cap. 16, pp. 249-262.

—, *Entre la reforma y la revolución 1931-1939*, Crítica, Barcelona, 1980.

MARÍN, Dolors, *Anarquistas. Un siglo de movimiento libertario en España*, Ariel, Barcelona, 2010.

MINTZ, Frank, «La autogestión en la España revolucionaria», en *El movimiento libertario español*, Suplemento de Cuadernos de Ruedo Ibérico, París, 1974, pp. 113—122.

—, *La autogestión en la España revolucionaria*, La Piqueta, Madrid, 1977.

—, *Para saber qué leer sobre la historia del anarcosindicalismo español (1868-1996). Antología de reseñas críticas*, 2ª ed., en Internet para la CNT-AIT, Vignoles, 1998 (1ª ed., Valladolid, Confederación Regional de la CGT de Castilla y León, 1996)

—, «De las libertades a las colectividades», en *Le Monde Diplomatique*, ed. española, nº 47, septiembre 1999, p. 17.

—, «Cuando la España revolucionaria se aproximó a la utopía. Las colectividades como experiencia libertaria», en *Le Monde Diplomatique*, ed. española, nº 62, diciembre 2000, pp. 26-27.

MONJÓ OMEDES, Anna, *Militantes. Democracia y participación en la CNT en los años treinta*, 17 Delicias, Valladolid, 2019.

OVEJERO BERNAL, Anastasio, *Autogestión para tiempos de crisis. Utilidad de las colectividades libertarias*, Biblioteca Nueva, Madrid, 2017.

PEIRATS, José, *La CNT en la revolución española*, 3 vols., La Cuchilla, 2ª ed., Cali, 1988 (1ª ed., Ruedo Ibérico, Madrid, 1978).

RICHARDS, Vernon, *Enseñanzas de la Revolución Española*, Campo Abierto, Madrid, 1977.

THOMAS, Hugh, «Las colectividades agrarias anarquistas en la guerra civil española», en CARR, Raymond (ed.), *Estudios sobre la República y la guerra civil española*, Sarpe, Madrid, 1985, pp. 351-376.

[NOTAS]

01. Las referencias completas de los libros aparecen en las notas a pie de página la primera vez que son citados y en la bibliografía.

02. Curiosamente Jackson advierte sobre la ausencia de Cataluña, pero no dice nada de Aragón, mientras que Bernecker, en ambas obras, hace lo propio sobre Cataluña, incluye la falta de Aragón y añade la de Levante a pesar de que en el cuadro que él representa están cuatro de las cinco provincias que configuraban la región levantina: Albacete, Murcia, Alicante y Valencia. Falta solamente Castellón. Además, en ambos hay un error en el cálculo del total de familias (donde dice 156.822 debe decir 154.822, que es lo que resulta de sumar el número de familias de cada provincia). Hemos representado el cuadro corregido en este trabajo.

03. Tampoco aparecerá en la bibliografía. La falta de esa información se debe seguramente a su naturaleza: se trata de un coleccionable publicado por *El País* en 1986 con el título *La Guerra de España* y dirigido por el propio Malefakis. Nosotros nos hemos referido a la entrega catorce, «La revolución social», pp. 209-224, pero el carácter divulgativo de la obra hace que las explicaciones queden limitadas, como ya se ha señalado.

04. Acerca de la explicación de los virajes de la política de los comunistas españoles existe una polémica considerable. Son muchas las fuentes que consideran que el PCE era un mero apéndice de la URSS de Stalin, cosa que han negado algunos de sus dirigentes posteriormente. A partir de nuestras fuentes, y aun reconociendo que nos falta mucho que considerar, nos inclinamos hacia esa postura. Nos parece muy ilustrativa la aseveración que cita Carlos Rojas de Dolores Ibárruri, «la Pasionaria», en París al comienzo de la Guerra Civil cuando se le increpa acerca de por qué la URSS no ha intervenido abiertamente a favor de la República española, y que dice: «Si España ha de perderse, se perderá; pero la Unión Soviética no puede comprometerse», en *Por qué perdimos la guerra*, Nauta, Barcelona, 1971, p. 54. Además, la influencia extranjera por parte de la Comintern en la toma de decisiones de su comité central era evidente, tanto como la necesidad rusa de presentar a España como una democracia moderada para no asustar a Francia e Inglaterra con quienes, a esta altura, todavía se pretendía negociar. En todo caso, para estudiar más detenidamente la posición de los comunistas pueden verse Franz Borkenau, *El reñidero español*, Ibérica de Ediciones y Publicaciones, Barcelona, 1977, passim, esp. 231 y ss.; y George Orwell, *Homage to Catalonia*, Penguin, s. f., s. l., *passim* (ambos son los testimonios de las experiencias de sus autores); y las obras generales de Joan Estruch, *Historia oculta del PCE*, Temas de Hoy, Madrid, 2000, pp. 30-124; y Burnett Bolloten, *La Guerra Civil española. Revolución y contrarrevolución*, Alianza, Madrid, 1989. También la bibliografía que vayamos dando a lo largo del trabajo puede resultar de interés.

05. De hecho, si no fue ésta la reacción se debió a la actuación del comité nacional de la CNT que pidió calma, lo mismo ante los sucesos de Mayo, que ante los de Aragón. Volvemos sobre esto.

06. Es posible que hubiera colectividades donde las mujeres no pudieran votar, pero no podemos estar seguros de que fuese generalizado. Leval nos habla de una asamblea en Tamarite de Litera (Huesca) en donde se está a punto de expulsar a las mujeres «porque hablan demasiado» en un relato que da la sensación de que la población femenina presente (que era sólo una sexta parte de la asamblea aproximadamente) no tuviera mucha capacidad de decisión (*Colectividades libertarias en España,* en *Las colectividades campesinas,* ed. de «Los de siempre», Tusquets, Barcelona, 1977, p. 203). Pero desde luego no hay una mención explícita al respecto, por lo que sólo podemos expresar nuestras dudas.

07. Hugh Thomas, «Las colectividades agrarias anarquistas en la guerra civil española», en Raymond Carr (ed.) *Estudios sobre la República y la guerra civil española,* Sarpe, Madrid, 1985, p. 357; Walter L. Bernecker, *Colectividades y Revolución Social. El anarquismo en la guerra civil española,* Crítica, Barcelona, 1982, p. 177.

08. Bernecker, *Colectividades,* p. 179.

09. De todos modos, esto varió mucho de unas regiones a otras. Así, por ejemplo, en Aragón y Andalucía se registran numerosas transformaciones drásticas de esta índole. Sin embargo, en Cataluña parece que las colectividades agrarias no sufrieron muchas modificaciones en este sentido.

10. Este puritanismo ha servido para muchos autores de confirmación de sus hipótesis acerca de la cuestión religiosa como factor fundamental para el éxito del anarquismo en Andalucía, en particular, y en España, en general. Según estos autores el anarquismo habría arraigado como consecuencia de influencias «milenaristas» o de tendencias religioso-primitivas. Entre esos autores estaría Gerald Brenan con *El laberinto español,* Ruedo Ibérico, 2ª ed., Barcelona, 1977(1ª en 1962), *passim,* por ejemplo, pp. 241-247. Pero no es el único: esta tesis está muy extendida como explicación de la fuerza del anarquismo en España. Podemos encontrar refutaciones a la misma en Rod[erick] Aya, "Reconsideración de las teorías de la revolución", *Zona abierta,* 36-37, julio-diciembre de 1985, p. 57, n. 107; quien también nos lleva a Temma Kaplan, *Orígenes sociales del anarquismo en Andalucía,* Crítica, Barcelona, 1977, donde se argumenta de manera precisa y coherente el exceso de «mecanicismo» de que adolecen estas teorías y se defiende la racionalidad de la propuesta política anarquista en Andalucía para la situación específica socioeconómica que se daba en la zona (pp. 18-26, 263-267, y esp. 230-237). Otras críticas en el mismo sentido, en Mintz, *La autogestión en la España revolucionaria*, La Piqueta, Madrid, 1977, pp. 17-19; e ídem, *Para saber qué leer sobre la historia del anarcosindicalismo español (1868-1996) Antología de reseñas crítica*s, 2ª ed., en Internet para la CNT-AIT, Vignoles, 1998 (1ª ed., Valladolid, Confederación Regional de la CGT de Castilla y León, 1996), pp. 17-18, 24.

11. Franz Borkenau, *El reñidero español*, Ibérica de Ediciones y Publicaciones, Barcelona, 1977, p. 132.

12. Mintz en *La autogestión en la España revolucionaria*, La Piqueta, Madrid, 1977, nos da un ejemplo de este tipo en Bujalance, en Córdoba (p. 184), y Bernecker nos cuenta cómo en Alcañiz (Teruel), además de ropa y alimentos se proporcionaba a los colectivistas dinero para cine, cigarrillos o «gastos particulares», *Colectividades*, p. 192.

13. Bernecker, *Colectividades*, p. 186.

14. Hans Erich Kaminsky relata que en Alcora (Castellón) el comité era el único que mantenía dinero de curso legal pues allí se había abolido el dinero, y que los campesinos del pueblo le contaron que se podía viajar a otros pueblos tanto como se quisiera, incluso para ir al cine, pero esto sólo en los días no laborables porque allí no había «dinero para el vicio», en *Ceux de Barcelone*, pp. 118-121. En Albalate de Cinca (Huesca), el comité denegó dinero para una mujer que quería ir a Lérida a la consulta de un especialista, alegando aquél que necesitaba previamente un certificado del médico del pueblo ya que «hay personas que se aprovechan de las nuevas posibilidades que les ofrece la colectividad» (en Agustín Souchy, *Entre los campesinos de Aragón*, p. 92). Sin embargo, en Membrilla (Ciudad Real), ante un caso similar de solicitud para ir a visitar a un especialista, a la mujer que lo pidió «se le dio inmediatamente el costo de su viaje» (en Agustín Souchy y P. Folgare, *Colectivizaciones: la obra constructiva de la revolución española*, pp. 233 y s.). Todos ellos citados según

Burnett Bolloten, *La Guerra Civil española: Revolución y contrarrevolución*, Alianza, Madrid, 1989, pp. 145-150. De todo ello se deduce que es difícil generalizar.

15. Félix Carrasquer, *Las Colectividades de Aragón*, Descontrol, Barcelona, 2016, p. 50.

16. Carrasquer, *Colectividades*, pp. 46-47.

17. Véanse el dictamen aprobado al respecto en el congreso de Cataluña en José Peirats, *La CNT en la revolución española*, 3 vols., La Cuchilla, 2ª ed., Cali, 1988 (1ª ed., Ruedo Ibérico, Madrid, 1978), en vol. I, pp. 264 y s.; y los extractos que de los acuerdos del congreso de Valencia ha publicado Mintz, en *Autogestión*, pp. 272-274. También Bolloten, en *Guerra*, p. 141 y s.

18. El secretario general de la socialista Federación de Trabajadores de la Tierra, Ricardo Zabalza, declaraba el 8 de enero en *Verdad*: «Prefiero una colectividad pequeña y entusiasta [...] que una gran colectividad constituida a la fuerza por campesinos sin convicción que la sabotearían por dentro hasta hacerla fracasar», citado en Bolloten, *Guerra*, p. 142.

19. Véase, *infra*, en Aragón, pp. 17-18.

20. Alejandro R. Díez Torre, *Trabajan para la eternidad. Colectividades de trabajo y ayuda mutua durante la Guerra Civil en Aragón*, La Malatesta, Madrid, 2009, p. 77.

21. Díez Torre, *Trabajan*, pp, 91-92.

22. Bernecker, *Colectividades*, p. 263.

23. Carrasquer, *Colectividades*, pp. 157-162.

24. Bolloten, *Guerra*, p. 170-3. Análogamente, en Cataluña crearon para el ámbito urbano la Federación Catalana de Gremios y Entidades de Pequeños Comerciantes e Industriales (GEPCI). *Ibíd.*, p. 169.

25. Parte del decreto en Mintz, Autogestión, p. 222.

26. Borkenau, *Reñidero*, p. 163. También recibían créditos del Ministerio de Agricultura a través de las organizaciones controladas por el PCE, según Bolloten, *Guerra*, p. 172. El IRA prestó a su vez ayuda a las colectividades, pero sólo a aquéllas que podía controlar. Más tarde, a finales del verano de 1937 se creó un servicio de crédito auspiciado por el Ministerio, pero controlado por la CNT y la UGT que finalmente facilitó apoyo financiero a las explotaciones colectivas que lo pidieron, sin perjuicio de su autonomía, *Ibíd.*, p. 404.

27. Artículo 1 del decreto. El texto de este artículo en Bolloten, *Guerra*, p. 404.

28. Bernecker, *Colectividades*, p. 121.

29. Recogemos aquí la reivindicación del estudio del papel de la UGT en la colectivización que hace Luis Garrido González en *Colectividades agrarias en Andalucía: Jaén (1931-1939)*, Siglo XXI, Madrid, 1979, pp. 2-5. Véase, para el papel jugado por la UGT en la colectivización de Jaén, en la obra de Garrido González, *passim*, esp. los resultados de las pp. 33-34, en donde se aprecia la hegemonía del sindicato socialista.

30. Véase el texto del acuerdo en Bernecker, *Colectividades*, p. 136; y en Vernon Richards, *Enseñanzas de la Revolución Española*, Campo Abierto, Madrid, 1977, pp. 147-152. En este último, al tiempo que se reseñan algunas partes de este, se va haciendo una crítica de la evolución ideológica de la CNT y la FAI desde una óptica anarquista.

31. Bernecker, *Colectividades*, pp. 117 y s.

32. Mintz, *Autogestión*, p. 166.

33. Bernecker, «La revolución social», capítulo VII de Stanley Payne y Javier Tusell (eds.), *La Guerra Civil. Una nueva visión del conflicto que dividió España*, Temas de Hoy, Madrid, 1996, p. 519.

34. Peirats, *CNT*, vol. I, p. 69; Antonio Elorza, "La utopía anarquista bajo la II República" en ídem, *La utopía anarquista bajo la segunda república española. Precedido de otros trabajos*, Ayuso, Madrid, 1973, p. 355, omite Cádiz.

35. Véase Elorza, «Utopía», pp. 448, 467, y los mapas y cuadros de las pp. 470-479. Elorza no considera correctos los datos de 1936, pero son muy parecidos a los que da Peirats, *CNT*, vol. I, pp. 117 y s. y en los que se basa Mintz, *Autogestión*, p. 63.

36. Mintz, *Autogestión*, p.107.

37. Mintz, *Autogestión*, p. 185.

38. Garrido González, *Colectividades*, p. 33-4.

39. Gabriel Jackson, *Entre la reforma y la revolución 1931-1939*, Crítica, Barcelona, 1980, p. 385. Las colectividades que aparecen legalizadas por el IRA son sólo CNT, UGT y mixtas. Para calcular el cómputo de las familias por colectividad dividiremos el total de familias implicadas en la provincia entre el número de colectivos en ella, procediendo entonces a multiplicar el resultado por el número de colectividades que corresponda para hallar las familias por región y tipo de colectividad. Al estar desglosada por provincias (aunque el número total de familias para los distintos tipos de colectividades esté mezclado) podemos hallar una media de individuos por colectividad que será, como siempre, muy aproximativa, pero que tendrá en cuenta las peculiaridades regionales. Véase el apéndice de este trabajo.

40. Mintz, *Autogestión*, p.186; Bernecker, *Colectividades*, p. 108.

41. *Autogestión*, p. 199. Nosotros, como él, supondremos en nuestros cálculos que las familias son de tres miembros, para tratar de establecer una cuantificación a la baja.

42. Para el número de familias, el autor se basa en los datos del informe del IRA del que hemos hablado antes (véase, en su libro, *Colectividades*, p. 88) por lo que para su cálculo seguiremos el procedimiento explicado en la nota 39.

43. Bernecker, *Revolución*, p. 519.

44. José Luis Gutiérrez Molina, *Llevaban un mundo nuevo en sus corazones. La revolución en el conflicto español (1936-1939). Colectividades libertarias en Castilla*, Calumnia, Mallorca, 2020, p. 45.

45. Véase Elorza, «Utopía», pp. 448, 467, y los mapas y cuadros de las pp. 470-479. Se incluyen La Rioja y Navarra porque pertenecían a la misma Confederación Regional y los datos de 1936 no están desglosados. En 1931, el porcentaje de afiliación de las provincias aragonesas en la Regional era del 88%.

46. Borkenau, *Reñidero*, p. 77. Sin embargo, Jackson aporta los testimonios de dos derechistas que aseguran que Durruti se oponía «enérgicamente» a los asesinatos, en *La República española y la Guerra Civil. 1931-1939*, Crítica, 2ª ed., Barcelona, 1976 (1ª ed. en 1967), p. 262, n. 18. Mintz cita a Borkenau y a Jackson en *Autogestión*, p. 99.

47. Borkenau, *Reñidero*, p. 82.

48. Mintz, *Autogestión*, pp. 96-102.

49. Véase *supra* p. 11.

50. Bernecker, *Colectividades*, p. 423.

51. *La revolución popular en el campo*, p. 17; citado en Bolloten, *Guerra*, p. 805. En esa época José Silva era el secretario general del Instituto de Reforma Agraria y militante del Partido Comunista. De hecho, el libro del que Bolloten extrae la cita está editado por el PCE en 1937.

52. Daniel Guérin, «Anarchism in the Spanish Revolution» en ídem, *Anarchism*, Monthly Review Press, Nueva York, 1970, p. 140. Seguramente se base en Leval: véase Chomsky, "Objetividad y cultura liberal" en *El movimiento libertario español*, Suplemento de Cuadernos de Ruedo Ibérico, París, 1974, p. 69, n. 58.

53. Mintz, *Autogestión*, p. 182, quien advierte que esto es «según fuentes cenetistas».

54. Bolloten considera que estas circunstancias coadyuvaron a la derrota del frente de Aragón y cita a Peirats cuando dice: «No se puede jugar impunemente a desmoralizar un frente y su retaguardia», *Guerra*, p. 807.

55. Díez Torre, *Trabajan*, p. 80.

56. La puntilla la dio el decreto de disolución que se publicó el día 11 de agosto.

57. Véanse los dictámenes del Pleno en Peirats, *CNT*, vol. II, pp. 246-251.

58. Bernecker, *Colectividades*, p. 430.

59. Mintz, *Autogestión*, p. 179.

60. Bernecker, *Colectividades*, p. 108; Mintz, *Autogestión*, pp. 174 y 199; Bolloten, *Guerra*, pp. 155 y s., quien además confirma el dato de que estaba implicado el 70% de la población con el testimonio de dos comunistas integrantes del Consejo de Aragón, José Duque y José Almudí (p. 155, n. 55).

61. Mintz en *Autogestión* nos habla de dos colectividades comunistas, Cofita y Ariéstoles (p. 179) y de 31 colectividades de la UGT en Huesca (p. 199).

62. Díez Torre, *Trabajan*, pp. 213-214.

63. Leval, *Colectividades libertarias en España, en Colectividades campesinas*, p. 125. Véase para distintos tipos de consumo y remuneración, así como para una descripción de la libreta que se usaría a partir de febrero, el extracto entero, pp. 123-133.

64. Mintz, Autogestión, p. 174.

65. Tanto Bernecker como Mintz han investigado una serie de colectividades de manera más detenida y en función de los datos disponibles. El resultado de sus estudios está, respectivamente, en *Colectividades*, p. 198-201, y en *Autogestión*, p. 176-7. Bernecker, de 22 colectividades encuentra mejoras en 14 y prestaciones sociales en 17. Los datos de Mintz son 25, 12 y 10, respectivamente, más 8 de envíos al frente. De estas fuentes provienen los ejemplos que acabamos de exponer.

66. Véase Elorza, «Utopía», pp. 448, 467, y los mapas y cuadros de las pp. 470-479. Es necesario comentar que, en el Congreso de 1931, la Regional del Centro incluía a las provincias de Madrid, Cuenca, Ciudad Real, Soria, Valladolid y Cáceres. Para 1936 carecemos del desglose.

67. Mintz, *Autogestión*, p. 109. Bernecker, en «Revolución», señala, basándose en los estudios de José Luis Gutiérrez Molina y Natividad Rodrigo González, que había colectividades desde "mucho antes de la Guerra Civil" (p. 520). Lo mismo en Bolloten, Guerra, p. 403.

68. Bernecker, *Colectividades*, p. 430. Bolloten, *Guerra*, p. 402.

69. Gutiérrez Molina, *Llevaban*, p. 61.

70. Mintz, *Autogestión*, pp. 188-193. Bernecker también utiliza estas cifras, *Colectividades*, p. 109.

71. Jackson, *Reforma*, p. 385.

72. La lista entera en Bernecker, *Colectividades*, pp. 213-235. De ellas, la mayoría eran de la CNT.

73. Richards, *Enseñanzas*, p. 91.

74. Peirats, *CNT*, vol. I, pp. 27-28.

75. Véase Elorza, «Utopía», pp. 448, 467, y los mapas y cuadros de las pp. 470-479. También habrían de tenerse en cuenta los Sindicatos de Oposición que desde el Congreso de Zaragoza volvieron a ser aceptados dentro de la CNT, y que en Cataluña sumarían 43.363 militantes, aunque el propio Elorza se muestra escéptico con la cifra (p. 475). Para la disputa con los Sindicatos de Oposición (y su escisión de la CNT), que no es otra que la lucha de faístas contra treintistas dentro del sindicato, veáse Elorza, *op. cit.*, pp. 447-468.

76. Bernecker, *Colectividades*, p. 155, n. 132.

77. Mintz, *Autogestión*, p. 90.

78. Gutiérrez Molina, *Llevaban*, p. 74.

79. Bernecker, *Colectividades*, p. 167. Mintz también achaca al decreto la intención de contrarrestar en el agro la fuerza que la CNT tenía en la ciudad, *Autogestión*, p. 90.

80. En algunos pueblos donde no existía, los pequeños propietarios que rehusaban la colectivización crearon sindicatos de la UGT (como en Prat de Llobregat). Véase Mintz, *Autogestión*, p. 143.

81. Los detalles del decreto, en Bernecker, *Colectividades*, pp. 167 y s.

82. Bernecker, *Colectividades*, p. 123.

83. *Ibíd*, p. 158. Como consecuencia de ello surgieron desavenencias entre el Comité Regional y los campesinos. Véase Mintz, *Autogestión*, p. 136.

84. Bernecker, *Colectividades*, p. 120.

85. Bernecker, *Colectividades*, p. 123.

86. Según el decreto del 17 de agosto de 1937. Véase Bernecker, *Colectividades*, pp. 164 y s.

87. *Ibíd*, pp. 166 y s.

88. Mintz, *Autogestión*, p. 199. Si calculamos la media de colectivistas a partir de los 23 pueblos para los que tiene datos al respecto y que figuran en la p. 138, obtenemos que es de 400 aproximadamente. Si hacemos lo mismo con la lista de Bernecker (*Colectividades*, pp. 201-213) nos da unos 165. Aceptaremos los 200 de Mintz para seguir con nuestras estimaciones a la baja.

89. Nuestros datos y ejemplos, también para lo que sigue, están sacados de Bernecker, *Colectividades*, pp. 181-196, y esp. la lista de pp. 201-213, con el estudio de 98 colectividades de las que el autor ha encontrado datos. Añadiremos, donde proceda, los datos de Mintz de *Autogestión*, pp. 140 y s.

90. Mintz encuentra datos de 6 casos de envíos al frente y otros 5 de solidaridad intercolectivos (para un total de 52 colectividades), *Ibídem*.

91. Gutiérrez Molina, *Llevaban*, pp. 75-76.

92. Véase Elorza, «Utopía», pp. 448, 467, y los mapas y cuadros de las pp. 470-479. Si añadimos también aquí los Sindicatos de Oposición, tenemos 78.272 militantes y un 12,77% en 1936. Véase, *supra*, n. 66.

93. Bernecker, «Revolución», p. 530. Además, esta federación de orientación anarcosindicalista creó comisiones técnicas en cada comarca para asesorar a las colectividades.

94. Bernecker, *Colectividades*, p. 142. Bolloten, *Guerra*, p. 172. La misma idea en Mintz, *Autogestión*, p. 147; y en Borkenau, *Reñidero*, p. 158.

95. Mintz, *Autogestión*, pp. 148 y s.

96. Peirats, *CNT*, vol. II, p. 55; Mintz, *Autogestión*, pp. 152 y s.

97. Peirats, *CNT*, vol. II, pp. 54-55.

98. Bolloten, *Guerra*, p. 172.

99. Leval, *La autogestión, el Estado y la Revolución*, en

Colectividades campesinas, p. 232. Las mismas cifras en Bernecker, Colectividades, p. 125.

100. Borkenau, *Reñidero*, pp. 159 y ss. También para lo que sigue.

101. La lista de las colectividades encontradas para abril de 1938 está en Mintz, *Autogestión*, 154-64; a las que va añadiendo otras que faltan y de las que conoce su existencia, en pp. 168 y s.; y sus cálculos están en pp. 169 y s. (aunque con algunos errores en el procedimiento). Bernecker da por válido, al menos, el número de colectivistas, en *Colectividades*, p. 250. Richards también habla de «más de 500 colectividades» en 1938, *Enseñanzas*, p. 88. Y Leval confirma la misma cifra en *La autogestión, el Estado y la Revolución*, en *Colectividades campesinas*, p. 228.

102. Jackson, *Reforma*, p. 385.

103. Bernecker aporta una lista de 75 colectividades para las que ha encontrado algunos datos, en *Colectividades*, pp. 235-245. Todos nuestros ejemplos son de la provincia de Valencia.

104. Leval, *La autogestión, el Estado y la Revolución*, en *Colectividades campesinas*, p. 119; Bernecker, *Colectividades*, p. 110.

105. Leval, *La autogestión, el Estado y la Revolución*, en *Colectividades campesinas*, p. 235.

106. Gutiérrez Molina, *Llevaban*, p. 97.

107. Gutiérrez Molina, *Llevaban*, pp. 98-99.

108. Bernecker, «Revolución», p. 519.

109. Jackson, *Reforma*, p. 385.

110. Mintz, *Autogestión*, p. 199, para los datos y pp. 106-108 para lo que sigue.

111. Para lo que sigue, Josep María Bricall, «La economía española (1936-39)», en Manuel Tuñón de Lara et al., *La Guerra Civil española. 50 años después*, Labor, 2ª ed., Barcelona, 1986 (1ª ed. 1985), p. 394.

112. Sobre la colaboración de los técnicos y su importancia, Mintz, *Autogestión*, p. 345; Guérin, «Anarchism», p. 136; Borkenau, *Reñidero*, p. 71. Todos ellos coinciden en comparar esta situación con la de Rusia, en donde sí se asesinó a numerosos técnicos (muchas veces opuestos a las medidas revolucionarias) resultando de ahí un error importante. En Mintz encontramos además un ejemplo del efecto positivo de la cooperación entre ambos materializado en la elaboración de un proyecto de «reforma monetaria y esquema de circulación fiduciaria», *Autogestión*, pp. 357-360.

113. Jackson, *República*, p. 251.

114. Chomsky, «Objetividad», p. 59, citando a Felix Morrow en *Revolution and Counter-Revolution in Spain*, New Park Publications, Londres, 1963.

115. En cuanto a los pasos que se dieron por parte de los propios trabajadores, el caso de la industria maderera de Barcelona resulta paradigmático, al proceder a la concentración del sector cerrando los talleres pequeños «compuestos de insignificante número de operarios, *sin preguntarles a qué central sindical pertenecían*» (en cursiva en el original) y abriendo unos más grandes para dar cabida a todos los trabajadores en espacios económicamente rentables. «Nosotros aceptamos la colectivización de todas las industrias, pero con una sola caja, llegando al reparto equitativo. Lo que no aceptamos es que haya colectividades pobres y ricas». *Boletín CNT-FAI*, Barcelona, 25 de diciembre de 1936, en Peirats, *CNT*, vol. I, pp. 325 y s.

116. Véase, *supra*.

117. Vernon Richards se refiere a este episodio como el «comienzo de la traición» de los líderes anarquistas a sus afiliados, en *Enseñanzas*, p. 32.

118. Bernecker, *Revolución*, p. 493

119. Kaminski, *Ceux de Barcelone*, en Jackson, *Reforma*, p. 225.

120. Véase Bernecker, *Colectividades*, pp. 281-282 y n. 45, p. 284, y Mintz, *Autogestión*, pp. 124-127, para éstas y otras más, así como para lo que sigue.

121. Gutiérrez Molina, Llevaban, p.72.

122. Véase Bernecker, *Colectividades*, p. 283. Interesante la

comparación que establece a este respecto en la misma página, en la n. 51, con el consejismo alemán de 1918-19 y donde señala que en la experiencia alemana nunca se transgredieron con anterioridad a la revolución las «condiciones establecidas por la economía capitalista».

123. Bernecker, *Colectividades*, pp. 321 y s.

124. *Ibíd*, pp. 322 y s.

125. El texto íntegro del decreto en Peirats, *CNT*, vol I, pp. 340-345.

126. En palabras de Ruiz Ponseti, del PSUC, citado por Bernecker, *Colectividades*, p. 332.

127. Anna Monjó Omedes, Militantes. *Democracia y participación en la CNT en los años treinta*, 17 Delicias, Valladolid, 2019, pp. 430-431.

128. El pleno regional de la CNT de Cataluña de comienzos de 1937 propuso «intensificar la socialización, sin hacer caso de las limitaciones impuestas por el Decreto de Colectivización», citado de *Tierra y Libertad, 6 de febrero de 1937*, en Bernecker, *Colectividades*, p. 345.

129. *Ibíd*, p. 337.

130. Unas cien agrupaciones de empresas fueron legalizadas antes de octubre de 1937. *Ibíd*, p. 333.

131. Según el artículo 26 del Decreto de Colectivización.

132. Richards relaciona el «error» de la no incautación de los bancos y sus fatales consecuencias para la revolución en curso en España con la Comuna de París, *Enseñanzas*, p. 33. También lo hace Mintz en *Autogestión*, p. 120. Guérin a su vez se lamenta de la falta de financiación de la autogestión y sostiene que la única solución hubiera sido poner «todo el capital financiero en manos del proletariado organizado», a lo que la CNT no se habría atrevido, «Anarchism», p. 139.

133. Bernecker, *Colectividades*, p. 326.

134. Joan Peiró en *Problemas y cintarazos*, Rennes, 1946, p. 224, según Bernecker, *Colectividades*, p. 342.

135. Bernecker, *Colectividades*, pp. 347 y s.

136. Nuestros cálculos están hechos a partir de las cifras en Bernecker, *Colectividades*, p. 362. Los mismos resultados si se utilizan las cifras (ligeramente diferentes) de Leval, *Colectividades libertarias en España*, Aguilera, 1977, Madrid, en Jackson, Reforma, p. 237.

137. Bernecker, *Colectividades*, p. 284. Mintz, *Autogestión*, p. 81.

138. *Documentación sobre las Industrias de Guerra en Cataluña. De Companys a Prieto*, ed. del Servicio de Propaganda Española, Buenos Aires, 1939, según lo cita Bernecker, *Colectividades*, p. 370. En esos datos se basa Companys en su carta a Prieto del 13 de diciembre de 1937 citada por Peirats, *CNT*, vol. II, pp. 100-107.

139. Bernecker, *Colectividades*, pp. 371 y s.

140. Peirats, *CNT*, vol. III, pp. 150-152.

141. Gutiérrez Molina, *Llevaban*, p. 73.

142. *Autogestión*, pp. 124-127. En los ejemplos, donde no se especifique lugar, se refiere a Barcelona capital.

143. *Ibíd.*, p. 199.

144. «Anarchism», p. 136.

145. Peirats, *CNT*, vol. I, pp. 145-147. También para lo que viene a continuación.

146. *Autogestión*, pp. 103-106 y 145 y s.

147. Bernecker, *Colectividades*, pp. 364-367. También para lo que sigue.

148. Gutiérrez Molina, *Llevaban*, p. 99.

149. Mintz, *Autogestión*, p. 199. Para la industria textil de Alcoi, el autor habla de 7.172 (p. 145).

150. *Ibíd.*, p. 101, n. 113.

151. *Ibíd.*, p. 109. Bernecker también considera que hubo colectividades industriales en Madrid, pero «en menor grado» que en Cataluña; en *Colectividades*, p. 280.

152. *Autogestión*, p. 199.

153. En Peirats, *CNT*, vol. I, pp. 323 y s.

154. Gutiérrez Molina, *Llevaban*, p.. 80.

155. Salvo una breve mención en p. 8 n. 6.

156. Según Leval, se lograron grandes avances en la lucha por la igualdad entre sexos y considera que en la mitad de las colectividades agrarias el salario era «equivalente», y en las que no lo era se explicaba porque «la mujer soltera raramente vive sola», *La autogestión, el Estado y la Revolución*, en *Colectividades campesinas*, p. 116. Nos parece, cuando menos, exagerada tal afirmación puesto que de las colectividades de las que ha pasado información por nuestras manos no hemos encontrado ni una sola que lo corrobore. Véase también la denuncia de este aspecto y una reseña bibliográfica para su estudio en Bolloten, *Guerra*, p. 152, n. 42.

157. Extractos de la *Memoria del congreso de constitución de la federación regional de campesinos de Andalucía*, en Mintz, *Autogestión*, p. 326.

158. Leval, *Colectividades libertarias en España, en Colectividades campesinas*, p. 128.

159. Mintz, *Autogestión*, p. 345.

160. Carrasquer, *Colectividades*, pp. 159.

161. *Ibíd*, p. 158.

162. Díez Torre, *Trabajan*, p. 45.

163. Abad de Santillán, Diego, *Anarquismo y revolución en España (1930-1938)*, Madrid. Editorial Ayuso. 1977. P. 330.

164. M. Cardona Rosell. *Aspectos económicos de nuestra revolución. Conferencia pronunciada en el cine Coliseum de Barcelona el 31 de enero de 1937*. Editado por la oficina de propaganda de la CNT-FAI, Barcelona, 1937, p. 3.

165. Declaración del Comité Nacional de los Sindicatos del Transporte de España. Federaciones Regionales Centro, Levante y Catalunya. *Boletín de información*, Barcelona, 30 de junio de 1937,

166. Castells Durán, Antonio. *El proceso estatizador en la experiencia colectivista catalana (1936-1939)*, Nossa y Jara Editores, Móstoles (Madrid), 1996, p. 57.

167. *Ibíd.*, p. 63.

168. Carrasquer, *Colectividades*, pp. 102-103.

169. Véase, así como para la importancia de la educación en el desarrollo económico, Gabriel Tortella, *El desarrollo de la España contemporánea. Historia económica de los siglos XIX y XX*, Alianza, 2ª ed., Madrid, 1995 (1ª ed. 1994), pp. 10-17.

170. Diego Abad de Santillán, *El organismo económico de la revolución. Cómo vivimos y cómo podríamos vivir en España*, Descontrol, Barcelona, 2020, pp. 187-188.

171. Carrasquer, *Colectividades*, p. 156.

172. Valeria Giacomoni, *Joan Puig Elías. Anarquismo, pedagogía y coherencia*, Descontrol, Barcelona, 2017, p. 139.

173. CENU, *Projecte d'Ensenyament d'Escola Nova Unificada*, Generalitat de Catalunya, 1936.

174. Emili Cortavitarte, *Movimiento libertario y educación en España (1901-1939)*, Calumnia, Mallorca, 2019, pp. 66-67.

175. Carrasquer, *Colectividades*, p. 29.

176. Michel Foucault, *Hermenéutica del sujeto*, La Piqueta, Madrid, 1994, pp. 30-31.

177. Gilles Deleuze y Félix Guattari, *El Anti-Edipo. Capitalismo y esquizofrenia*, Paidós, Barcelona, 1995, p. 35.

178. Ibíd., pp. 34-35.

179. Díez Torre, *Trabajan*, p. 7.

180. *Ibíd.*, p. 45

181. *Ibíd.*, pp. 46.

182. Carrasquer, *Colectividades*, p. 207.

183. *Ibíd.*, p. 127.

184. Citado por Bernecker, *Colectividades*, p. 258, n. 234.

185. Thomas, «Colectividades», p. 359.

186. Véase, *supra*, p. 19.

187. Borkenau, *Reñidero*, pp. 70-71.

188. En este trabajo, n. 138.

189. «Objetividad», p. 57, n. 34.

190. Thomas, «Colectividades», pp. 365 y s.

191. Pierre Vilar, *Historia de España*, Crítica, 12ª ed., Barcelona, 1981 (1ª ed, Librairie Espagnole, París, 1963).

192. Richards, *Enseñanzas*, pp. 160-168.

193. Tortella, *Desarrollo*, p. 383. Tortella se basa en Díaz del Moral a la hora de establecer el perfil de la sociedad española, aunque aquél hace extensivo al país entero el estudio de éste de la sociedad andaluza.

194. Véase, *Ibíd.*, pp. 6-17.

ÍNDICE

COLOSSUS
col·lecció
bressol de l'anarquia

TÍTOLS PUBLICATS

| 11 | *Movimiento libertario y educación en España (1901-1939)*,
Emili Cortavitarte Carral, 2019.

| 12 | *Mujeres libertarias en Jerez:*
El Sindicato de Emancipación Femenina. Pioneras del feminismo en la ciudad,
Aurore E. Van Echelpoel / Francisco J. Cuevas Noa, 2020.

| 13 | *La matanza del cuartel Carlos Marx*,
Agustín Guillamón, 2020.

| 14 | *Anarquistas en Portugal.*
De los orígenes al congreso obrero de Tomar de 1914,
Miguel Íñiguez, 2020.

| 15 | *La guerra invisible. Moros, afroamericanos y gitanos*
en la Guerra Civil (1936- 1939), Francesc Tur Balaguer, 2020.

| 16 | *Los revolucionarios de Kronstadt, 1921-2021*,
Frank Mintz, 2021.

| 17 | *Memorias de un anarquista rumano*,
Mechel Stanger, 2021.

| 18 | *La insurrección de campesinos de Jerez de 1892*,
Antonio López Estudillo / José Luis Gutiérrez Molina, 2022.

| 19 | *Voltairine de Cleyre. La perla del anarquismo*,
David Martín Sánchez, 2023.

| 20 | *Justicia, moralidad y prisión: una reflexión acerca del castigo*,
Silvia K. Döllerer, 2023.

| 21 | *Obreras anarquistas y sociedad en torno a La Mano Negra.*
Andalucía, fin de siglo,
Ignacio C. Soriano Jiménez, 2024.

| 22 | *La escuela sin dogmas. La comisión proescuelas racionalistas (1935).*
Miguel Á. Martínez Martínez

| 23 | *La experiencia autogestionaria durante la Guerra Civil española.*
Luis Buendía García / José Luis Carretero Miramar

CALUMNIA

Esta primera edición de
La experiencia autogestionaria durante la Guerra Civil española
de LUIS BUENDÍA GARCÍA y JOSÉ LUIS CARRETERO MIRAMAR
se publicó el día 19 de junio de 2025.
Ese mismo día, en 1870 en Barcelona se inauguraba el Primer
Congreso Obrero de Sociedades Obreras de Resistencia,
acto considerado fundacional del anarquismo ibérico.